21 世纪立体化中等职业学校规划教材·财经系列
会计信息化实训精品教材

企业经营综合实训指导

（第 2 版）

杜怡萍　王新玲　主编

刘　锋　李海冬　陈锡年　王金莲
姚少飞　陈福珍　刘诗宇　李奕斌　参编
莫翠梅　彭英穗　刘　锋

柯　明　主审

電子工業出版社
Publishing House of Electronics Industry
北京 · BEIJING

内容简介

本书是指导中等职业学校开展企业经营综合实训的指导用书。本书采取任务驱动式的项目课程编写理念，将学习过程分成4个学习任务，即组建企业、把握规则、初始经营、经营规划，并附常见问题解答、畅捷通软件操作指南和运行记录表。本书每页的管理名言，将告诉学习者管理的真谛，每一学习任务的"学习目标"明确学习要求，"故事会"通过风趣的故事告诉学习者管理的哲理，"做与学"以动漫的方式向学习者传递做的指导和学的知识，"结束语"概括已完成的学习任务，并引出下一步的学习任务。

全书结构清晰，图文并茂，深入浅出，生动活泼，可作为中等职业学校财经、商贸类专业模拟经营企业的教学用书。

图书在版编目（CIP）数据

企业经营综合实训指导 / 杜怡萍，王新玲主编. --2版. --北京：电子工业出版社，2016.2
ISBN 978-7-121-28046-7

Ⅰ.①企… Ⅱ.①杜… ②王… Ⅲ.①企业管理-中等专业学校-教材 Ⅳ.①F270

中国版本图书馆CIP数据核字（2016）第007641号

策划编辑：陈　虹　黄园园
责任编辑：陈　虹　　特约编辑：胡伟卷　孙明珍
印　　刷：北京虎彩文化传播有限公司
装　　订：北京虎彩文化传播有限公司
出版发行：电子工业出版社
　　　　　北京市海淀区万寿路173信箱　邮编100036
开　　本：787×1 092　1/16　印张：9.5　字数：191千字
版　　次：2008年10月第1版
　　　　　2016年2月第2版
印　　次：2023年9月第2次印刷
定　　价：25.00元

凡所购买电子工业出版社图书有缺损问题，请向购买书店调换。若书店售缺，请与本社发行部联系，联系及邮购电话：（010）88254888。

质量投诉请发邮件至zlts@phei.com.cn，盗版侵权举报请发邮件至dbqq@phei.com.cn。

服务热线：（010）88258888。

出版说明

1. 背景

职业教育作为中国教育体系中的一个特殊层次，在整个国民教育中有着不可或缺的地位和作用。它所培养的人才，不仅是社会所需要的，而且是其他层次的人才所无法取代的。在国务院及教育部的指导和推动下，职业教育正迎来它的全新发展时期。随着全球经济一体化和信息化的快速发展，企业对培养适应信息化的应用型人才的呼声日益高涨。在这样一个时代背景下，如何针对特定的教育对象，从一个全新的角度来理解和设计现代职业学习过程，让学生学到信息化时代职业发展有用的知识和技能，是职业教育工作者必须思考并设法解决的问题。

2. 课程体系与特色

用友软件股份有限公司是亚太地区最大的企业管理软件、ERP 软件和财务软件供应商与服务提供商，长期以来一直关注人才培养工作，在教育界拥有广泛的合作伙伴。正是洞悉了企业信息化的用人需求，用友软件股份有限公司会聚了业内一大批职业教育研究的先行者，在充分分析、研究了教育对象、职业目标的基础上，联合设计了面向中等职业教育的“会计信息化实训课程体系”。整套课程体系的框架结构如下：

学习阶段	实训课程	学习目标	适用专业	配套教材	建议课时
Ⅰ	企业认知实训	认识企业，了解企业运作；掌握企业组织设置、管理体系和业务流程	职业学校所有专业	《企业认知实训指导（手工模拟）（第2版）》 《企业经营综合实训指导（第2版）》	16 ~ 24 40
Ⅱ	会计信息化应用实训	认识信息化环境下企业的管理方式和管理流程，掌握信息化工具的使用	财经、商贸类专业	《会计信息化实用教程（畅捷通 T3 版）》 《会计信息化实训教程（畅捷通 T3 版）》	60 ~ 80 60 ~ 80
Ⅲ	企业会计信息化模拟演练	分岗位、分角色体验企业岗位角色、企业业务流程，培养岗位操作能力	财经、商贸类专业毕业综合模拟实习	《会计模拟实习（手工操作）》 《会计模拟实习（计算机操作）》	72 ~ 108 72 ~ 108

“会计信息化实训课程体系”充分体现了体系化、场景化、阶段化，充分运用了参与、互动、体验、思考等设计要素，是对传统教学模式的创新，是中职教育教学改革的新尝试。

3. 课程配套教材与特色

本套“会计信息化实训精品教材”采用立体化设计，教学资料配套全面，学习层次逻辑递进，教学对象定位明晰，内容设计贴近实务，为中职教学提供了一套完整的整体解决方案。该套教材的配套资料如下：

- 教学大纲
- 视频课件
- 教学软件
- 试题库
- 电子教案
- 标准教案

本社十分荣幸地向广大中职院校推荐这套书，希望它能帮助广大同学快速实现企业认知，学会企业信息化管理工具的应用，掌握岗位角色的职业技能。

电子工业出版社

第2版前言

本书是指导中等职业学校开展企业经营综合实训的教学用书。广州市教育局教学研究室与用友软件股份有限公司于2007年联合开发了中等职业教育的企业经营综合实训课程，当时属全国首创，并于次年出版了《企业经营综合实训指导》第1版，受到了读者的认可。为了更好地适应教学要求，本编写团队对原教材进行了重要修订，将会计电算化软件由用友通升级为目前主流的畅捷通T3，将企业的物流、生产、财务、运营、营销规划的结构及流程全部展示在沙盘上，将复杂、抽象的财经商贸及管理理论知识以最直观的方式展现出来，使学生在“做中学”，通过观察思考、协同操练、决策规划、经营体验，学习财经商贸及企业经营管理知识和技能，形成企业经营过程的各种单项工作能力、整体综合能力及团队协作能力。广州市财经职业高级中学、广州市天河职业高级中学、广州市商贸职业技术学校、广州旅游商贸职业技术学校、番禺工贸职业技术学校、增城市职业技术学校、广州财经职业学校、荔湾外语职业学校、花都经贸职业技术学校共同参与了该课程的开发。

本书适用于财经、商贸专业的毕业实习，重在让学习者综合运用所学知识，形成综合职业能力，训练时间为5天。

本书采取任务驱动式的项目课程编写理念，以企业经营过程为主线编制学习内容，共包括4个学习任务，即组建企业、把握规则、初始经营、经营规划，以及3个附录，即常见问题解答、畅捷通软件操作指南和运营记录表。本书每页的管理名言，将告诉学习者管理的真谛，每一学习任务的“学习目标”明确了学习要求，“故事会”通过风趣的故事告诉学习者管理的哲理，“做与学”以动漫的方式向学习者传递做的指导和学的知识，“结束语”概括了已完成的学习任务，并引出下一步的学习任务。全书结构清晰，图文并茂，深入浅出，生动活泼。

本书第1版由广州市中职财经商贸教研会主编，杜怡萍、王新玲任执行主编，柯明任主审，参加编写的人员有李海冬、陈锡年、王金莲、姚少飞、陈福珍、刘诗宇、李奕斌、莫翠梅、彭英穗。李杰文、赖一元负责本书的动漫人物设计。第2版由杜怡萍、姚少飞、刘锋修订。本书最终成稿还得益于邱才训、熊发业、张海燕、刘颂艺等专业人士的指点，在此表示深深的谢意。

由于时间和水平有限，书中难免有疏漏之处，敬请批评指正。

编　者

第 1 版前言

《企业经营综合实训指导》是指导中等职业学校开展企业经营综合实训的教学用书。广州市教育局教学研究室与用友软件股份有限公司联合开发了中等职业教育的企业经营综合实训课程。企业经营综合实训课程是以沙盘和用友通软件为载体，模拟企业经营环境，让学习者身临其境，以团队合作的方式运营一个企业，体验企业经营的规则与挑战，承担企业经营的风险与责任。实践表明，这一课程仿真性的教学内容、体验式的教学方式、充满挑战的学习过程受到师生的热烈欢迎和积极参与。广州市财经职业高级中学、广州市天河职业高级中学、广州市商贸职业技术学校、广州旅游商贸职业技术学校、番禺工贸职业技术学校、增城市职业技术学校、广州财经职业学校、荔湾外语职业学校、花都经贸职业技术学校参与了该课程的开发。

企业经营综合实训课程适用于财经、商贸类专业的毕业实习，重在让学习者综合运用所学知识，形成综合职业能力，训练时间为 5 天。

本书采取任务驱动式的项目课程编写理念，以企业经营过程为主线编制学习内容，共包括 4 个学习任务，即组建企业、把握规则、初始经营、经营规划，以及 3 个附录，即常见问题解答、用友通软件操作指南和运行记录表。本书每页的管理名言，将告诉学习者管理的真谛，每一学习任务的“学习目标”明确了学习要求，“故事会”通过风趣的故事告诉学习者管理的哲理，“做与学”以动漫的方式向学习者传递做的指导和学的知识，“结束语”概括了已完成的学习任务，并引出下一步的学习任务。全书结构清晰，图文并茂，深入浅出，生动活泼。

本书由广州市中职财经商贸教研会主编，杜怡萍、王新玲任执行主编，柯明任主审，参加编写的人员有：李海冬、陈锡年、王金莲、姚少飞、陈福珍、刘诗宇、李奕斌、莫翠梅、彭英穗、刘锋。李杰文、赖一元负责本书的动漫人物设计。本书最终成稿还得益于很多专业人士的指点和积极参与，他们是邱才训、熊发业、张海燕、刘颂艺等，在此表示深深的谢意。

由于时间和水平关系，书中难免有疏漏之处，敬请批评指正。

编　者

目 录
Contents

任务1 组建企业

学习目标

◆ 能理解每个工作岗位的职能，确定每个成员的角色。

◆ 会利用沙盘工具展现企业经营状况。

◆ 完成畅捷通 T3 软件的初始化。

故事会

大雁有一种合作的本能，它们飞行时都呈“V”形。这些雁飞行时定期变换领飞者，因为为首的雁在前面开路，能帮助它后面两边的雁减少飞行的阻力，有利于整个群体的持续飞行能力。科学家发现，雁以这种形式飞行要比单独飞行多出12%的距离，飞行的速度是单独飞行的1.73倍。

合作可以产生1+1>2的倍增效果。据统计，在诺贝尔获奖项目中，因协作获奖的占2/3以上。在诺贝尔奖设立的前25年，合作奖占41%，而现在则跃居80%。

启示：分工合作作为一种企业工作方式的潮流，被更多的管理者所提倡。我们如果能把容易的事情变得简单，把简单的事情变得很容易，那么做事的效率就会倍增。世界正逐步向简单化、专业化、标准化发展，合作是简单化、专业化、标准化的一个关键，于是合作的方式就理所当然地成为了这个时代的产物。

一个由相互联系、相互制约的若干部分组成的整体，经过优化设计后，整体功能能够大于各部分功能之和，产生1+1>2的效果。

你一生中卖的唯一产品就是你自己。

——[美]乔·吉拉德

做与学

我的经营理念是要让每个人都能感觉到自己的贡献。这种贡献看得见，摸得着，还能数得清。

——[美] 杰克·韦尔奇

1.1 组建团队

现在你们小组的伙伴就是一家企业新聘的人才，你们就是一个团队，将并肩作战，共同把企业经营好。对照下列每个岗位的职能（见图1-1～图1-7），团队人员协商，确定每个成员的角色。

总经理，即CEO，是整个管理团队中的核心人物，企业中所有重大的决定、决策都必须由他带领团队成员共同决定。如果团队内部意见不统一，则最终由总经理一锤定音。

在财务软件操作中，总经理担任系统管理员，负责建账和给操作员授权。

总经理

图1-1　总经理的职责

营销总监

只有产品卖出去了，企业才能生存，才能发展。可见，销售是企业利润来源的关键。因此，营销总监的职能就是开拓市场和销售产品。

在财务软件操作中，营销总监负责销售管理系统的操作。

图1-2　营销总监的职责

生产部门要完成产品的生产任务，保证销售的供应。生产总监是生产部门的负责人，职责是：依据销售任务，制订生产计划，计算产能，安排生产线，调控生产过程，实现企业生产资源的最优化配置，并负责新产品的研发。

在财务软件操作中，生产总监负责库存管理系统的操作。

生产总监

图 1-3　生产总监的职责

采购总监

采购是企业生产的第一环节。采购总监负责寻求、分析物资供应市场的变化，制订、实施原材料采购、供应计划，为生产打好坚实的后勤基础。

在财务软件操作中，采购总监负责采购管理系统的操作。

图 1-4　采购总监的职责

财务总监负责企业经营运作资金的筹集，反映资金的来龙去脉，并将经营成果用报表反映出来。

在财务软件操作中，财务总监担任账套主管，全面负责检查各系统的操作。

财务总监

图 1-5　财务总监的职责

推销的要点不是推销商品，而是推销自己。

——[美] 乔·吉拉德

会计员

> 会计员是财务总监的助手，协助财务总监管理好企业的财和物，保证企业运作的资金充裕，提高经济效益。
>
> 在财务软件操作中，会计员负责总账、固定资产和核算系统的操作。

图1-6　会计员的职责

> 出纳员也是财务总监的助手，分管资金运作，负责资金的收付结算，保证资金不断流。
>
> 由于钱账要分管，出纳员不参与财务软件的操作。

出纳员

图1-7　出纳员的职责

企业的情况很复杂，所以应该有壮士断臂的勇气和决心，因为这个放弃减少了对他的很多压力和拖累，使他更有力量，寻找更好的机会来发展。

——段永基

1.2 熟悉企业

1. 企业发展与股东期望

本企业长期以来一直专注于某行业P产品的生产与经营，目前生产的P1产品在本地市场知名度很高，客户也很满意。同时企业拥有自己的厂房，生产设施齐备，状态良好。

最近，一家权威机构对该行业的发展前景进行了预测，认为P产品将会从目前的相对低水平发展为一个高技术产品。为此，公司董事会及全体股东决定将企业交给你们现在这个团队去发展，他们希望新的管理层扩大生产规模，开发新产品，开拓新市场，提升市场份额，增强盈利能力，并借助现代管理工具，如会计电算化软件、ERP管理软件，提高管理水平。

2. 企业状况盘点

根据以下资料在沙盘盘面还原企业目前的状况。

（1）生产中心

① 拥有现代化的厂房一间，价值30万元。

② 拥有3条手工生产线（每条原值5万元，已计提折旧2万元，净值为3万元），合计净值9万元。

③ 每条生产线上有一个P1在制品，生产周期分别处于一季度、二季度和三季度，合计价值6万元。

（2）物流中心

① 原材料库存量：2个R1原材料，价值2万元。

② 产成品库存量：2个P1产品，价值4万元。

③ 原材料已订购数量：2个R1原材料订单。

（3）财务状况

① 银行借款余额：企业已向银行借取短期借款20万元，还有4个季度到期。

② 现金余额为20万元。

③ 应收账款余额为9万元，还有3个季度到期。

（4）营销与规划

① 市场准入：企业的生存和发展离不开市场，本企业在当地经营多年，小有名气，拥有本地市场的准入资格。

② 生产资格：本企业已经比较成熟地研发出了P1产品，拥有生产许可证。

1.3 畅捷通T3初始账套预置数据

本企业使用畅捷通T3作为ERP管理软件，对企业的生产经营进行全方位的管理。因此，在正式运营之前，须根据企业目前状况，对畅捷通T3软件进行初始化处理。账套预置数据情况如下。

1. 操作员及其权限

编　号	用户名	权　限
001	财务总监	账套主管，拥有所有权限
002	会计员	总账、固定资产、核算、应付管理、应收管理
003	采购总监	公共目录设置、采购管理、往来、应付管理
004	营销总监	公共目录设置、销售管理、往来、应收管理
005	生产总监	公共目录设置、库存管理
006	出纳员	库存现金、银行存款管理

注：CEO可担任系统管理员（admin），其他助理可以参照总监的权限进行设置。

作为领导人，最好的锤炼方法是失败。没有什么比经历失败更能锻炼人了。
——［美］肯·塞福

绝不可追随产业界的时尚，要做其他公司不肯做的事。同时，不要做其他公司已经在做或将来可能要做的事。

——[英] 邱吉尔·B. 谢安东

2. 账套信息

账套号：可自行设定，设定范围为001 ~ 999。

启用会计期：2015年4月。

账套名称：沙盘企业（也可以自行命名）。

单位名称：沙盘企业。

企业类型：工业。

行业性质：2007年新会计准则科目。

账套主管：财务总监。

基础信息：选择（存货是否分类）。

科目编码级次：4222，其他默认。

启用：总账、固定资产、购销存、核算。

启用日期：2015 - 04 - 01。

3. 基础设置

① 部门：总裁办、供应部、生产部、销售部、财务部。

② 职员：CEO、采购总监、生产总监、销售总监、财务总监、会计员、出纳员。

③ 客户档案：本地客户、区域客户、国际客户。

小提示

客户、供应商的发展日期和存货的启用日期必须早于账套的启用日期。

④ 供应商档案：原料供应商。

⑤ 存货。

- 分类：原材料、产成品。
- 档案：R1、R2（单位为“个”，税率为0，属性为“外购”“生产耗用”）。

  P1、P2（单位为“个”，税率为0，属性为“自制”“销售”）。

⑥ 凭证类别：记账凭证。

⑦ 会计科目：根据预置科目修改。

- 应收账款——（客户往来）。
- 固定资产——厂房、机器设备。
- 应付账款——（供应商往来）。
- 制造费用——折旧费。
- 应交税费——应交所得税。

- 生产成本——材料费（项目核算）、人工费（项目核算）。
- 主营业务收入——（项目核算）。
- 主营业务成本——（项目核算）。
- 销售费用——市场开拓费、广告费（项目核算）、设备维护费（项目核算）、研发费（项目核算）、违约罚款（项目核算）。
- 管理费用——行政管理费、变更费用、生产许可证费、折旧费、其他。
- 指定科目：现金总账科目、银行存款总账科目。

⑧ 项目目录。

- 项目大类：存货核算。
- 项目分类：原材料、产成品。
- 项目目录：R1、R2、P1、P2。
- 核算科目：所有设置了项目核算的科目。

⑨ 结算方式：支票。

⑩ 仓库档案：原料库、产成品库。（计价方式：移动平均法）

⑪ 收发类别。

- 入库：采购入库、产成品入库、盘盈入库、其他入库。
- 出库：销售出库、材料出库、盘亏出库、其他出库。

⑫ 采购类型：普通采购、紧急采购、企业间采购。

⑬ 销售类型：普通销售、违约销售、企业间销售。

4. 系统参数及期初数据

（1）总账的期初余额

万元

资　产	方　向	期 初 数	对 应 项 目	备　　注
银行存款	借	20	现金	
应收账款	借	9	应收款	全部为应收本地客户，日期 2015－03－31
原材料	借	2	原材料	2 个 R1
库存商品	借	4	产成品	2 个 P1
固定资产	借	45		
其中：厂房	借	30	大厂房	厂房不提折旧
机器设备	借	15	生产线	按历史成本入账（每条线 5 万元）

只要不是相当重要的商品，不是稳健踏实地行商，迅速发展就等于迅速破产。只有使多种商品不间断地相继配合上市，才能使迅速发展的事业稳步前进。

——［日］高桥宪行

（续表）

资　产	方　向	期 初 数	对 应 项 目	备　注
累计折旧	贷	6		
短期借款	贷	20	银行借款	
应交税费	贷	1		
应交所得税	贷	1	应交税	
实收资本	贷	50	股东资本	
利润分配	贷	7	利润留存	
本年利润	贷	2	年度净利	
生产成本	借	6	在制品	全部为 P1 产品
材料费	借	3		
人工费	借	3		

（2）固定资产

① 设置选项。

固定资产对账科目：1601；累计折旧对账科目：1602；业务发生后立即制单。

固定资产默认入账科目：1601；累计折旧默认入账科目：1602。

② 设置资产类别：厂房、机器设备。

③ 设置部门对应折旧科目。

生产部：制造费用——折旧费。

④ 设置增减方式对应科目。

直接购入：银行存款。

在建工程转入：在建工程。

⑤ 录入原始卡片。

小提示　假设畅捷通 T3 软件操作中的一个月相当于一个经营年度，一个星期相当于一个季度。

固定资产名称	所在部门	增加方式	可使用年限	原　值/万元	累计折旧/万元	净残值/万元
厂房	生产部	直接购入	50 年	30	不计提折旧	0
手工生产线	生产部	直接购入	10 年	5	2	3
手工生产线	生产部	直接购入	10 年	5	2	3
手工生产线	生产部	直接购入	10 年	5	2	3

以做生意来说，有时候三思而行不无好处。——霍英东

⑥ 执行“对账”，固定资产与总账对账平衡。

（3）采购系统

① 录入期初采购订单，并审核。

2015－03－31 订购 2 个 R1，每个单价 1 万元，税率为 0，计划到货日期为 2015－04－07。

② 期初记账。

（4）销售系统

录入客户往来期初应收单。

2015－03－31，金额 9 万元，本地客户，到期日 2015－04－22。

（5）核算

① 期初数据。

原料库：2 个 R1，每个单价 1 万元。

成品库：2 个 P1，每个成本 2 万元。

② 期初记账。

③ 存货科目设置。

存货分类：原材料；存货科目：原材料。

存货分类：产成品；存货科目：库存商品。

④ 存货对方科目设置。

- 采购入库对应材料采购；
- 产成品入库对应生产成本；
- 销售出库对应主营业务成本；
- 材料领用出库对应生产成本。

小提示 初始化账套可以通过恢复现有的备份文件完成。备份文件见用友公司提供的光盘，也可以通过填写书后的“教学资源索取表”向本社索取。

结束语

至此，恭喜你们，属于你们自己的企业可以正式运营啦！

绝口不提『不景气』这句话。

——［日］藤田田

任务2 把握规则

学习目标

- ◆ 熟悉本岗位的经营规则。
- ◆ 了解相关岗位的经营规则。

故事会

深夜，一位外国人走进德国某小镇的车站理发室，理发师热情地接待了他，却不愿意为他理发。为什么呢？理由是，这里只能为手里有车票的旅客理发，这是规定。这位外国人委婉地提出建议，说反正现在店里也没有其他顾客，是不是可以来个例外？理发师更恭敬了，说虽然是夜里也没有别的人，但我们也得遵守规则。无奈之中，外国人走到售票窗前，买了一张离这儿最近的那一站的车票。当他拿着车票第二次走进理发室时，理发师很遗憾地对他说，如果您只是为了理发才买这张车票的话，真的很抱歉，我还是不能为您服务。

启示：俗语说："没有规矩，不成方圆。"规则是社会团体为了实现某种目标所制定的供大家共同遵守的制度或章程。社会团体大到整个社会或各个国家，小到学校班级或一个家庭；制度或章程可以是全球规则或国家法规，也可以是校规、班规或游戏规则。在生活中我们应时时处处有一种"规则意识"，它是一个人为使社会能正常运行乃至进步而自觉地尽各种责任、义务的习惯。因此，我们必须从企业运营过程的角度来熟悉和把握好实训规则，不弄虚作假，严格遵守规则，如实地反映自己的经营管理水平，使训练能顺利进行。

企业的出路在于产品更新换代。
——［日］土光敏夫

做与学

2.1 营销规则

营销总监应掌握的相关规则，如图 2–1 所示。

> 营销总监要熟悉和掌握市场开发、订单取得、产品销售的规则，才能顺利地开拓市场，销售产品。

图 2–1　营销总监应掌握的规则

2.1.1　市场开发的规则

企业要生存，要发展，就得根据客户的需求研发新的产品，不断地开拓市场，扩大产品的销售范围。本实训活动的市场，按地区分为本地市场和区域市场。企业在进入市场的时候需要支付一定的资金，用于市场调研、产品宣传等活动。

1. 本地市场

在开办企业时已支付了 1 万元，每个企业都可以长期使用，不用再支付其他的后续费用。

2. 区域市场

企业在开发区域市场时，年末支付 1 万元，下年才能进入该市场。

3. 国际市场

企业在开发国际市场时，每年要投入 1 万元，允许中断或终止，总开发费用为 2 万元。开发完成后，下一年才能进入该市场，不能提前投资。

2.1.2　订货会的规则

企业要生存，就必须积极向客户推荐自己的产品，在激烈的市场竞争中取得订单。

> 企业的经营，不能只站在单纯的一个角度去看，而要从各个角度分析、观察才行。
> ——[日] 藤田田

在艰难时期，企业要想获得生存下去的机会，唯一的办法就是保持一种始终面向外界的姿态。若想长期生存，仅有的途径就是要使人人竭尽全力，千方百计让下一代产品进入用户家中。

——[英] 约翰·多伊尔

1. 广告费用投放的规则

小提示　确定广告费的投放数额，需要考虑竞争对手的情况，以及本企业的生产能力和资金周转情况。

广告费是按市场与产品品种投放的。投放1万元获得一次在该市场、该产品品种上选单的权利，以后每多投1万元就增加一次选单的机会，但不管获得多少次选单权利，每次都只能选择一张订单。广告费用投放如表2-1所示。

表2-1　广告费用投放

	产品品种	本地广告费/万元	区域广告费/万元
第（　）年	P1		
	P2		

2. 订单取得的规则

（1）选择订单的排名顺序

企业通过投放广告来取得订单，并根据企业该年投放的产品广告费用金额来决定该产品的选单顺序。订单按市场、按产品投放。例如，按本地市场的P1、P2产品次序及区域市场的P1、P2产品次序投放，各企业按照排定的顺序来选择订单。排定企业选单顺序的原则如下：

① 广告费用的投放额与获得订单的机会成正比，投放金额高的排列在前，投放金额低的排列在后，以此类推。

② 如果两个或两个以上的企业在同一产品投入的广告量一样，则按本市场的广告总投入量（包括在P1和P2产品上投入的广告费总量）进行排名。

③ 如果市场广告总投入量一样，可由相同排名的企业同时间选单，如果大家都选择了相同的订单，并且都不愿意放弃该张订单的话，则采用下列方式进行选单排名。

- 竞标方式选单：按参加竞标的企业所出的销售价格来决定谁获得该订单，即谁出的价格低谁就先取得该订单。
- 抽签方式确定选单顺序。

（2）选择订单的流程

按选单顺序先选第一轮，每个企业一轮只能选择一张订单，待各企业都选完后，再按原顺序开始下一轮的选单，直到选完为止。

（3）**产品销售的规则**

产品销售出去收回货款，意味着成本、费用等支出可以得到补偿，在正常的情况下应该有盈余，也就是获得了利润。所以，应按时向客户交货，避免违约被处罚。

违约处罚规则：

① 取消该订单。

② 按违约订单销售额的25%（取整）罚款。

订单登记表如表2-2所示。

表2-2 第（ ）年订单登记表

订单号	LP1-03										合计
市场	本地										
产品	P1										
数量	4										
销售额	16										
成本	8										
毛利	8										
未售											

注：表中“销售额”“成本”“毛利”的单位为“万元”。

2.2 采购规则

采购总监应掌握的相关规则如图2-2所示。

采购总监要熟悉和掌握下达采购订单、采购材料的规则，才能做好采购计划，保证生产正常进行。

图2-2 采购总监应掌握的规则

原材料采购需要提前一个季度向原材料供应商（即指导老师）下订单。R1和R2材料的价格都是1万元/个。其购买原则是：严格按照订单数量购买，要根据生产产品

不能搞平均主义。平均主义惩罚表现好的，鼓励表现差的，得来的只是一支坏的职工队伍。——［美］史蒂格

所需要的原材料来计算材料的购买数量。在实训过程中，应根据订单的品种、数量做好材料的订购计划，避免出现停工待料或积压的现象。

2.3 生产规则

为了能拟定目标和方针，一个管理者必须对公司内部作业情况及外在市场环境相当了解才行。

——[日]青木武一

生产总监应掌握的相关规则如图2-3所示。

生产总监要熟悉和掌握厂房使用、设备购置、产品生产、新产品研发等规则，才能做好生产计划，调控生产过程，以及开发新产品等工作。

图2-3　生产总监应掌握的规则

1. 厂房使用的规则

一个企业要正常运作，首先要有厂房、机器设备等生产资料。

厂房在组建企业当年购置完成，价值为30万元。在使用期间不用计提折旧，也不允许卖掉，要一直使用下去。厂房内最多可安装10条生产线进行产品生产，如图2-4所示。

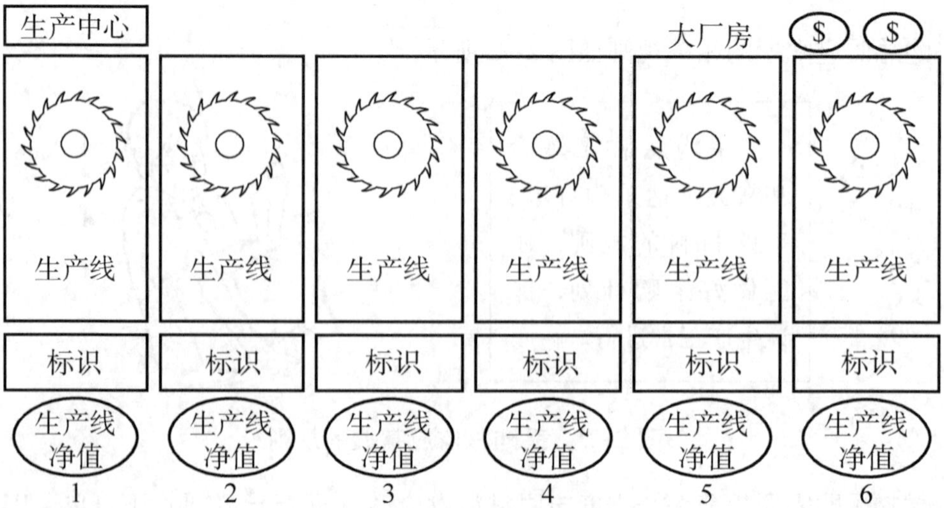

图2-4　厂房规划

2. 购置设备的规则

设备有手工生产线和自动生产线两种，如图 2－5 所示。其基本情况如表 2－3 所示。

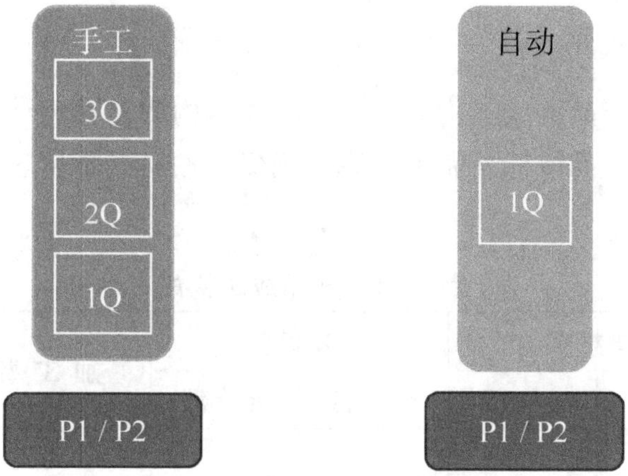

图 2－5 手工生产线和自动生产线

表 2－3 生产线基本情况

生产线	购买价	安装周期	生产周期	折旧额	残值	每年维修费
手工生产线	5 万元	不用安装	3 个季度（Q）	1 万元/年	2 万元	1 万元
自动生产线	12 万元	1 个季度（Q）	1 个季度（Q）	2 万元/年	4 万元	1 万元

购置设备的规则如下：

① 购买生产线必须一次性支付价款。手工生产线支付设备款后就可以开始使用，进行产品生产；自动生产线要等到下一季度生产线安装完毕后才可以开始生产。

② 生产线上的格子代表生产周期，每条生产线上最多只能有一个在制品。

③ 生产线从建成的下年开始提取折旧，即年底只要生产线的价值大于残值，就必须提取折旧。手工生产线每年 1 万元，自动生产线每年 2 万元，每年均是如此。当生产线的价值等于残值时，该生产线不再提取折旧。已经提完折旧的生产线，仍然可以使用。

④ 生产线可以卖给设备供应商（即

小提示 两种生产线由于生产能力不同，价格差异也较大，企业要根据自身发展规划，决定什么时候购买生产线，购买何种生产线。另外，如果企业想对本身已有的生产线进行更新换代，要考虑好折旧与残值之间的关系，选择好恰当的时机。

一味地增加员工、扩充门面，而不改善编制，好景是维持不了多久的。
——［日］松下幸之助

指导老师），售价按照残值计算。（注意：其做法是从生产线的价值处取出残值，放入“现金区”作为现金使用，其余的价值作为费用放入“其他费用”处。）

⑤ 生产线可以生产任何获得生产资格证的产品。

⑥ 生产线不允许在企业之间转让和出售。

经理人员的任务则在于知人善任，提供企业一个平衡、密合的工作组织。
——［英］洛德·凯特寇德

3. 产品生产的规则

产品生产要注意产品的成本构成。产品的成本构成是我们计算利润的一个重要因素。同时，也要注意产品按计划完工入库，确保能按时交货给客户。产品的成本构成如表2-4所示。

表2-4　产品成本构成

产品名称	R1 材料		R2 材料		加工费	合计
	数量	金额	数量	金额		
P1	1	1万元			1万元	2万元
P2	1	1万元	1	1万元	1万元	3万元

4. 新产品研发的规则

① P1产品是各企业本身都正在生产的，因此不需要研发。P2产品则需要研发，其研发所需的时间和经费如表2-5所示。

表2-5　产品研发情况

产品名称	研发时间	研发投资额	研发投资总额	资格证费用额
P2	2个季度（Q）	2万元/季度（Q）	4万元	1万元

② P2产品在研发过程中要注意以下规则：

- 研发费用的投入分期进行，每季度进行一次，投入额为2万元。
- 研发过程可以随时中断和延续，但不允许超前或集中投入。
- 研发的投资不能回收。
- 研发完成之后，必须另外交纳1万元，用于申请生产资格证。只有获得资格证后，才允许上线生产。
- 取得的产品资格证不允许转让。

2.4 财务规则

财务总监应掌握的相关规则如图 2-6 所示。

> 财务总监要熟悉和掌握筹集资金、使用资金、计算所得税等规则，才能保证企业生产经营及日常运作的资金需要，并把企业财务状况和经营情况及时向报表使用者反映。

图 2-6　财务总监应掌握的规则

1. 筹集资金的规则

资金的筹集和分配是非常重要的，需要进行周密的统筹与安排，企业的生产经营活动才能正常地进行下去，否则就举步维艰。因此，贷款的数量和还本付息的时间一定要做好计划。

（1）短期借款规则

企业筹集资金常用的方式是向银行申请短期贷款，其规则如表 2-6 所示。具体情况如下：

表 2-6　贷款规则

贷款时间	贷款限额	贷款期限	贷款利率/年	还款形式
每个季度初	上限为 40 万元	一年（4Q）	5%	到期还本付息

① 每季度初可以进行贷款，每次均要按整桶贷款且上限为 40 万元。

② 贷款最多不能超过 120 万元，也就是说整个盘面上的贷款不能超过 6 桶，每桶 20 万元。

③ 贷款年利率为 5%。

④ 贷款周期为 4 个季度（Q），到期还

小提示　偿还贷款的时间是每季度初，企业要先还掉到期的贷款才能再贷款。

管理职能包括明确地说明目标及获得实现所定目标必需的资源和努力。

——[美] 切斯特·巴纳德

本付息，其计算公式为：

$$应偿还的本金利息 = 本金 \times (1 + 5\%)$$

（2）应收账款贴现规则

企业筹集资金的第二种方式是将持有的应收款向银行申请贴现。其规则如表2-7所示。

表2-7　应收账款贴现规则

贷款时间	贷款限额	贷款利率/年
随时	视应收款数额	10%

$$应收账款贴现金额 = 应收款数额 \times (1 - 10\%) \qquad （金额取整数）$$

（3）高利贷规则

企业在急需资金时，还可以通过向银行申请取得高利贷的方式获得短期资金。其规则如表2-8所示。

表2-8　应收账款贴现规则

贷款时间	贷款限额	贷款期限	贷款利率/年	还款形式
随时	20万元	1年	15%	到时一次还本付息

2. 费用支付的规则

费用是企业在生产经营过程中发生的开支，是影响利润的一个重要因素，因此必须严格按照规则支付。具体支付的情况如表2-9所示。

表2-9　费用支付情况

费用种类	广告费	管理费	设备维修费	折旧费	利息	市场开拓费	产品研发费	产品资格证费
支付时间	每年初	每季末	每年末	每年末	贷款到期	开拓年年末	产品开始研发	产品研发完成
支付金额	自定	1万元	手工：1万元/条 自动：1万元/条	手工：1万元/条 自动：2万元/条	1万元/桶 （20万元）	1万元	2万元/季度	1万元

小提示

①设备安装完毕后，不论是否投入生产，每年年末都需要交纳维修费用。

②生产线提取的折旧费不会减少现金的数额，它是从生产线的净值中取出规定的折旧额，放在“折旧”区内，当生产线的价值等于残值时，不再提取折旧（见图2-7）。

管理的第一目标是使较高工资与较低的劳动成本结合起来。

——［美］弗雷德里克·温斯洛·泰勒

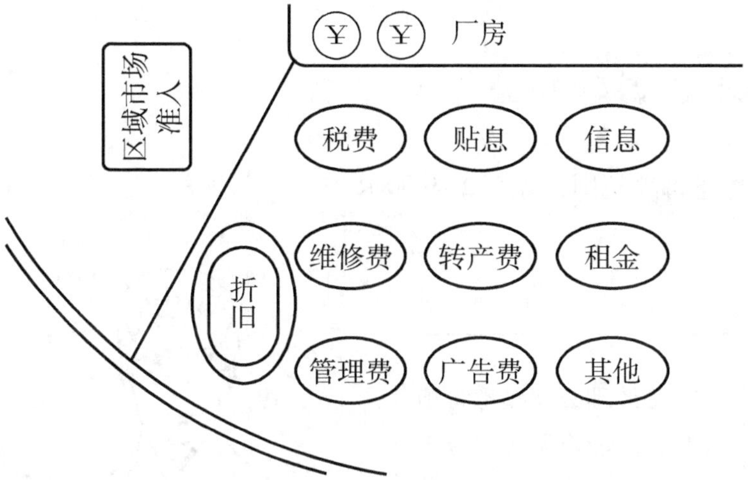

图 2-7　生产线折旧

3. 所得税规则

根据上年的利润留存对本年利润总额进行调整。调整方法为：

① 如果上年的利润留存为负数，则用本年利润扣减之后的余额计交所得税。

② 如果上年的利润留存为正数，则直接按本年利润总额计交所得税。

每年年末企业应按当年调整后的利润总额计算应交纳的所得税额，在下一年的年初时交纳。图 2-8 所示为税费存放地点。

应交纳所得税税额＝调整后的利润总额×25%　　（金额取整数）

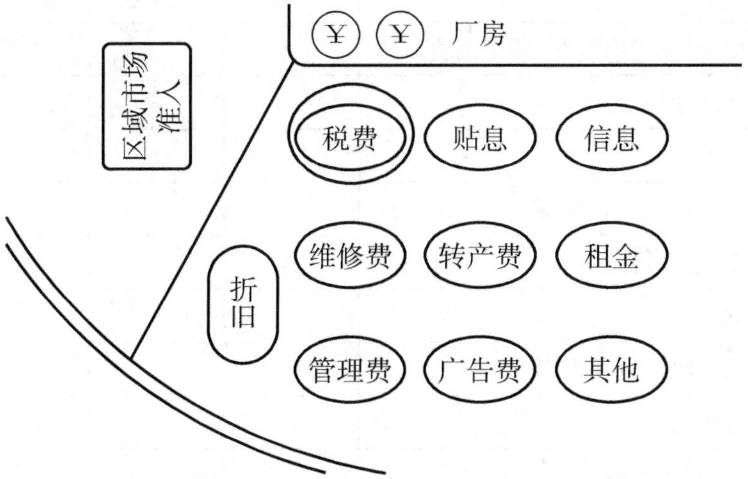

图 2-8　税费存放地点

现代企业管理的重大责任，就在于谋求企业目标与个人目标两者的一致，两者越一致管理效果就越好。——毛仲强

2.5 总经理的统筹

总经理须熟悉每项规则，如图2-9所示。

总经理必须熟悉每项规则，才能协调各岗位工作，才能带领团队，有效运营企业。

图2-9　总经理全面统筹

总经理需要协调各个岗位人员的工作进程，带领团队经营，还要及时填写运行记录，如表2-10所示。

表2-10　运行记录（1.1）

序号	请按顺序执行下列各项操作	每执行完一项操作，CEO请在相应的方格内打钩			
		一季度	二季度	三季度	四季度
年初	参加订货会/支付广告费/登记销售订单				
	制订新年度计划				
	支付应付税				
1	季初现金盘点（请填余额）				
2	更新贷款/还本付息				
3	申请贷款				
4	购买订购的原材料并入库				
5	下原料订单				
6	更新生产/完工入库				
7	变卖生产线/购买生产线/生产线到位				

若不能从根本着手，奢谈企业管理是没有用的。管理没有秘诀，只看肯不肯努力下功夫，凡事求其合理化。企业经营管理的理念应是追根究底，止于至善。

——王永庆

（续表）

序号	请按顺序执行下列各项操作	每执行完一项操作，CEO 请在相应的方格内打钩			
		一季度	二季度	三季度	四季度
8	开始下一批生产				
9	更新应收款/应收款收现				
10	按订单交货				
11	产品研发投资				
12	支付行政管理费				
13	其他现金收支情况登记				
14	现金收入合计				
15	现金支出合计				
16	期末现金对账（请填余额）				
年末	支付设备维护费				
	计提折旧				（ ）
	新市场开拓				
	结账				

结束语

熟悉和掌握好规则后，各岗位的人员就可以按进度进行运作了。

管理阶层的领导能力是刺激员工努力工作的原动力。

——［美］毕雷敦

任务3　初始经营

在公司的管理方面，我是相信少就是多的道理：你抓得少些，反而收获就多了。
——[美]雷蒙·A.克罗克

学习目标

◆ 了解沙盘企业操作流程。

◆ 记录企业运行过程。

◆ 利用畅捷通 T3 软件，录入数据，实现企业的信息化管理。

故事会

一位年轻的炮兵军官上任后，到下属部队视察操练情况，发现有几个部队操练时有一个共同的情况：在操练中，总有一个士兵自始至终站在大炮的炮筒下，纹丝不动。经过询问，得到的答案是：操练条例就是这样规定的。原来，条例因循的是用马拉大炮时代的规则，当时站在炮筒下的士兵的任务是拉住马的缰绳，防止大炮发射后因后坐力产生的距离偏差，减少再次瞄准的时间。现在大炮不再需要这一角色了，但条例没有及时调整，出现了不拉马的士兵。这位军官的发现使他受到了国防部的表彰。

启示：管理的首要工作就是科学分工。只有每个员工都明确自己的岗位职责，才不会产生推诿、扯皮等不良现象。如果公司像一个庞大的机器，那么每个员工就是一个个零件，只有他们爱岗敬业，公司的机器才能得以良性运转。公司是发展的，管理者应当根据实际动态情况对人员数量和分工及时做出相应调整。否则，队伍中就会出现“不拉马的士兵”。

做与学

千方百计请一个高招的专家医生，还不如请一个随叫随到且价格便宜的江湖郎中。

——［美］詹姆斯·柯林斯

3.1 教学年操作说明

沙盘企业开始经营于教学年，这一年的经营主要是在老师的带领下完成的。

① 为了方便学生进行会计电算化操作，本实训以一个月为一个模拟年，1～7日为第一模拟季度；8～15日为第二模拟季度；16～22日为第三模拟季度；23～30日为第四模拟季度。

② 由于沙盘模拟交易货币单位的限制，本次实训“制造费用”账户，期末结转直接计入当期损益。

③ 年末进行期间损益结转。

3.2 期初数据

期初数据如表3-1所示。

表3-1 开始经营年期初数据 万元

资　产	借/贷	期 末 数	备　注
银行存款	借	20	
应收账款	借	9	全部为应收本地客户，第三季度
原材料	借	2	2个R1原材料，成本为1万元/个
库存商品	借	4	2个P1的产成品，其成本为2万元/个
固定资产	借	45	按历史成本入账
厂房	借	30	厂房不提折旧
机器设备	借	15	全部为手工生产线，其原值为5万元/条
累计折旧	贷	6	每条手工生产线已计提折旧2万元
短期借款	贷	20	期限为一年，当前处于第四季度（4Q）
应交税费	贷	1	暂不考虑增值税问题
应交所得税	贷	1	
实收资本	贷	50	

（续表）

资　产	借/贷	期 末 数	备　注
利润分配	贷	7	
本年利润	贷	2	
生产成本	借	6	全部为P1产品，分别处于第一、第二、第三季度，不考虑制造费用
材料费	借	3	
人工费	借	3	

其他初始记录：① 已获得P1产品的生产许可证和本地市场的准入证。
② 已向供应商下了2个R1原材料的订单。

3.3 年初运营

年初经营事项及操作指导如表3-2所示。电算化登录时间为1日。

表3-2　年初经营事项及操作指导

经 营 事 项	责 任 人	沙 盘 任 务	电算化任务
制订新年度计划	CEO	组织公司各个成员共同研讨本年度经营计划	
参加订货会，支付广告费：CEO与销售总监参加订货会，为企业的P1产品支付广告费1万元	营销总监（004）	填写广告费用登记表，参加订货会议	
	会计员（002）		对所支付的广告费在总账系统填制记账凭证（具体操作步骤参照附录B.1节）
登记销售订单：订货会上获得本年度5个P1产品在本地市场的销售订单，其单价为5万元，货款共计25万元（不考虑增值税），预计本年度第三季度交货	营销总监（004）	在订单登记表中登记销售订单	在销售系统增加销售订单（具体操作步骤参照附录B.3.1小节）
支付税费：支付上年度的应交所得税额1万元，收到电子缴税回单	会计员（002）	在运行记录（1.2）中登记现金的收支数额，并在所得税业务记录表中记录交纳的所得税额	对所支付的所得税在总账系统填制记账凭证（具体操作步骤参照附录B.1节）

最好的CEO是构建他们的团队来达成梦想，即便是迈克尔·乔丹也需要队友来一起打比赛。
——［美］查尔斯·李

3.4 第一季度运营

第一季度经营事项及操作指导如表3-3所示。电算化登录时间为7日。

表3-3 第一季度经营事项及操作指导

经营事项	责任人	沙盘任务	电算化任务
季初现金盘点：出纳员进行季初现金盘点	出纳员（006）	进行现金盘点，并将当前现金余额在运行记录（1.2）上登记（参考值为18万元）	
更新贷款/还本付息	出纳员（006）	无到期借款（在盘面上把所有的贷款向前推一格）	
申请贷款		经管理层决定，本季度不贷款	
购买订购的原材料并入库：根据上年度订单购买2个R1原材料，每个R1单价为1万元（不考虑增值税），价款共计2万元，货款用银行存款支付，材料已验收入库	采购总监（003）	填制运行记录（2.1），记录原材料的采购入库情况	根据去年订单（订单号（0000000001）填制2个R1的采购入库单和采购发票（具体操作步骤参照附录B.4.1小节）
	会计员（002）	填制运行记录（1.2），记录现金的支出情况	
下原料订单：采购总监与原料供应商签订下一季度1个R1的原料订单，每个R1原材料价格为1万元，交货期为第二季度	采购总监（003）	填制运行记录（2.1），登记本季度所下订单	在采购系统增加采购订单（具体操作步骤参附录B.4.2小节）
更新生产/完工入库：生产线上的在制品前移一格，完工一个P1产品。（每个P1的生产成本为：材料费1万元，人工费1万元），把P1产品送交产成品库	生产总监（005）	填制运行记录（2.2），登记本季度完工产成品	在库存系统增加产成品入库单并审核（具体操作步骤参照附录B.5.1小节）
变卖生产线/购买生产线/生产线到位		本季度没有对设置进行调整	

创新是唯一的出路，淘汰自己，否则竞争将淘汰我们。

——［美］安迪·格罗夫

（续表）

经营事项	责任人	沙盘任务	电算化任务
开始下一批生产：生产车间领用1个R1原材料（单位成本1万元），用于生产P1产品	生产总监（005）	负责领料工作，并登记运行记录（2.2），记录原材料领用和在制品上线情况	在库存系统填制材料出库单并审核（具体操作步骤参照附录B.5.2小节）
支付加工费：开出支票支付P1产品人工费1万元	出纳员（006）	在运行记录（1.2）中记录现金支出：-1	
更新应收款/应收款收现	会计员（002）	将盘面上的应收账款前移一格	
按订单交货		本季度没有销售任务	
产品研发投资		本季度没有研发新产品	
支付行政管理费：开出支票支付管理部门购买办公用品的费用1万元，收到办公用品发票一张	出纳员（006）	在运行记录（1.2）中记录现金支出：-1	
其他现金收支情况登记	出纳员（006）	记录除以上情况以外的现金收支状况及金额	
季度末处理	采购总监（003）		在采购系统进行采购结算（具体操作步骤参照附录B.4.3小节）
	会计员（002）		进行月末制单处理。 任务1：在核算系统进行正常单据记账；（参照附录B.2.1小节） 任务2：在核算系统填制采购记账凭证；（参照附录B.2.2小节） 任务3：在核算系统填制出入库业务记账凭证；（参照附录B.2.4小节） 任务4：在总账系统对本季度支付的人工费、行政管理费进行制单（填制记账凭证）（参照附录B.1节）

商业竞争的胜负最终决定在经营者本身的修养上。
——曾仕强

（续表）

经营事项	责任人	沙盘任务	电算化任务
季度末处理	财务总监（001）	检查现金收支情况	在总账系统审核记账凭证
	CEO	检查运行记录的登记情况	
期末现金对账	出纳员（006）	登记现金收入合计（0万元）、现金支出合计（-4万元）、本季度末现金余额（14万元）	

3.5 第二季度运营

第二季度经营事项及操作指导如表3-4所示。电算化登录时间为15日。

表3-4　第二季度经营事项及操作指导

经营事项	责任人	沙盘任务	电算化任务
季初现金盘点	出纳员（006）	进行现金盘点，在运行记录（1.2）上登记现金余额（把上季度结余的现金额填入运行记录表第二季度中）	
更新贷款/还本付息	出纳员（006）	无到期借款（把所有的贷款向前推一格）	
申请贷款		本季度不贷款	
购买订购的原材料并入库：采购总监根据上季度订单购买一个R1原材料，每个R1单价为1万元（不考虑增值税），收到供应商的发票，以支票支付货款，材料验收入库	采购总监（003）	填制运行记录（2.1），记录原材料的采购入库情况	填制1个R1的采购入库单和采购发票：在采购系统进行采购入库单增加；在采购系统进行采购发票增加，同时进行现付与结算操作（具体操作步骤参照附录B.4节）
	会计员（002）	填制运行记录（1.2），记录现金的支出情况	

抓住时机并快速决策是现代企业成功的关键。
——[美]艾森哈特

以爱为凝聚力的公司比靠畏惧维系的公司要稳固得多。
——[美] 赫伯·凯莱赫

（续表）

经营事项	责任人	沙盘任务	电算化任务
下原料订单：采购总监向原材料供应商签订下一季度1个R1原料的订单	采购总监（003）	填制运行记录（2.1），登记本季度所下订单	在采购系统增加采购订单（具体操作步骤参照附录B.4.2小节）
更新生产/完工入库：生产线上的在制品前移一格，完工入库一个P1产品（完工入库）	生产总监（005）	把P1产品送交产成品库，填制运行记录（2.2），登记本季度完工产成品	在库存系统增加产成品入库单并审核（具体操作步骤参照附录B.5.1小节）
变卖生产线/购买生产线/生产线到位		本季度没有对设置进行调整	
开始下一批生产：上线一个P1产品（生产领料），生产总监负责领料工作，并填制材料出库单	生产总监（005）	负责领料工作，并登记运行记录（2.2），记录原材料领用和在制品上线情况	在库存系统填制材料出库单并审核（具体操作步骤参照附录B.5.2小节）
支付加工费：为上线的P1产品开支票支付人工费1万元	出纳员（006）	支取1万元支付P1产品的加工费，并且在运行记录（1.2）上登记现金支出：-1	
更新应收款/应收款收现	会计员（002）	将盘面上的应收账款前移一格	
按订单交货		由于库存不足，本季度暂不交货	
产品研发投资		本季度没有新产品研发项目	
支付行政管理费：开出支票支付本季度管理部门固定资产修理费1万元	出纳员（006）	在运行记录（1.2）中记录现金支出：-1	
其他现金收支情况登记	出纳员（006）	记录除以上情况以外的现金收支状况及金额	
季度末账务处理	采购总监（003）		月末采购总监在采购系统进行采购结算

（续表）

经营事项	责任人	沙盘任务	电算化任务
季度末账务处理	会计员（002）		任务1：会计员在核算系统进行正常单据记账； 任务2：在核算系统进行供应商往来制单； 任务3：在核算系统进行购销单据制单（填制出入库业务记账凭证）； 任务4：在总账系统对本季度支付的加工费、行政管理费进行制单（填制记账凭证）
	财务总监（001）	检查现金收支情况	在总账系统审核记账凭证
	CEO	检查运行记录表的登记情况	
期末现金对账	出纳员（006）	登记现金收入合计（0万元）、现金支出合计（-3万元）、本季度末现金余额（11万元）	

3.6 第三季度运营

第三季度经营事项及操作指导如表3-5所示。电算化登录时间为22日。

表3-5 第三季度经营事项及操作指导

经营事项	责任人	沙盘任务	电算化任务
季初现金盘点	出纳员（006）	进行现金盘点，在运行记录（1.2）上登记现金余额（11万元）	
更新贷款/还本付息	出纳员（006）	无到期借款（把所有的贷款向前推一格）	

自始至终把人放在第一位，尊重员工是成功的关键。

——［美］托马斯·沃森

（续表）

经营事项	责任人	沙盘任务	电算化任务
申请贷款：向银行借入期限为一年的生产周转借款20万元。接到银行的贷款借据，申请的短期借款20万元已经到账	会计员（002）	填制运行记录（1.2），登记贷款的金额、日期等情况	
购买订购的原材料并入库：采购总监根据上季度订单购买一个R1原材料，每个R1单价为1万元（不考虑增值税），收到供应商的发票，以支票支付货款	采购总监（003）	填制运行记录（2.1），记录原材料的采购入库情况	任务1：在采购系统进行采购入库单增加； 任务2：在采购系统进行采购发票增加，同时进行现付与结算操作（具体操作步骤参照附录B.4.1小节）
	会计员（002）	填制运行记录（1.2），记录现金的支出情况	
下原料订单：继续向原材料供应商签订下一季度1个R1原材料的订单	采购总监（003）	填制运行记录（2.1），登记本季度所下订单	在采购系统增加采购订单（具体操作步骤参照附录B.4.2小节）
更新生产/完工入库：生产线上的在制品前移一格，完工入库一个P1产品（完工入库）	生产总监（005）	把P1产品送交产成品库，填制运行记录（2.2），登记本季度完工产成品	在库存系统增加产成品入库单并审核（具体操作步骤参照附录B.5.1小节）
变卖生产线/购买生产线/生产线到位：向设备供应商购买一条需要安装的全自动生产线，价款12万元（不考虑相关税费），设备已交付企业，安装周期为一个季度，价款用银行存款一次支付	出纳员（006）	支取12万元交给生产总监支付设备款，同时在运行记录表中登记：-12	
	生产总监（005）	向设备供应商取回一条全自动生产线，开始安装工程，并登记运行记录（2.2），记录所购买的全自动生产线	
开始下一批生产：上线一个P1产品（生产领料），生产总监负责领料工作，并填制材料出库单	生产总监（005）	负责领料工作，并登记运行记录（2.2），记录原材料领用和在制品上线情况	在库存系统填制材料出库单并审核（具体操作步骤参照附录B.5.2小节）
支付加工费：为上线的P1产品开支票支付人工费1万元	出纳员（006）	支取1万元支付P1产品的加工费，并且在运行记录（1.2）上登记现金支出：-1	

授权就像放风筝，部属能力弱线就要收一收，部属能力强了就要放一放。

——林正大

（续表）

<table>
<tr><th>经营事项</th><th>责任人</th><th>沙盘任务</th><th>电算化任务</th></tr>
<tr><td rowspan="2">更新应收款/应收款收现：上年度应收账款到期，收回本地客户前欠货款9万元，款项已划转至银行存款账户</td><td>会计员（002）</td><td>登记运行记录（1.2），记录应收账款的收回情况</td><td></td></tr>
<tr><td>营销总监（004）</td><td></td><td>在销售系统进行收款结算处理（具体操作步骤参照附录B.3.2小节）</td></tr>
<tr><td rowspan="3">按订单交货：营销总监将本年初订单交货5个P1产品交货，每个售价5万元，取得销售收入25万元（不考虑增值税），双方约定下季度收款（即账期1Q）</td><td>生产总监（005）</td><td>登记运行记录（2.2），记录产成品销售出库数量</td><td></td></tr>
<tr><td>营销总监（004）</td><td>将订单交货并登记订单登记表</td><td>根据订单生成发货单、销售出库单、审核；根据发货单填制发票（具体操作步骤参照附录B.3.3小节）</td></tr>
<tr><td>会计员（002）</td><td>登记运行记录（1.2），记录应收账款的增加</td><td></td></tr>
<tr><td>产品研发投资</td><td></td><td>本季度没有新产品研发项目</td><td></td></tr>
<tr><td>支付行政管理费：出纳员开出支票支付知识产权研讨会会务费1万元</td><td>出纳员（006）</td><td>在运行记录（1.2）中记录现金支出：-1</td><td></td></tr>
<tr><td>其他现金收支情况登记</td><td>出纳员（006）</td><td>记录除以上情况以外的现金收支状况及金额</td><td></td></tr>
<tr><td rowspan="2">季度末账务处理</td><td>采购总监（003）</td><td></td><td>月末采购总监在采购系统进行采购结算</td></tr>
<tr><td>会计员（002）</td><td></td><td>任务1：会计员在核算系统进行正常单据记账；
任务2：在核算系统进行供应商往来制单和客户往来制单；
任务3：在核算系统进行购销单据制单（填制出入库业务记账凭证）；
任务4：在总账系统对本季度购买生产线、申请的短期借款、支付的加工费及行政管理费进行制单（填制记账凭证）</td></tr>
</table>

再懒惰的马，只要身上有马蝇叮咬，它也会精神抖擞，飞快奔跑。
——[英] 罗伯特·耶基斯和约翰·多德森

（续表）

经营事项	责任人	沙盘任务	电算化任务
季度末账务处理	财务总监（001）	检查现金收支情况	在总账系统审核记账凭证
	CEO	检查运行记录表的登记情况	
期末现金对账	出纳员（006）	登记现金收入合计（29万元）、现金支出合计（-15万元）、本季度末现金余额（25万元）	

3.7 第四季度运营

第四季度经营事项及操作指导如表3-6所示。电算化登录时间为30日。

表3-6 第四季度经营事项及操作指导

经营事项	责任人	沙盘任务	电算化任务
季初现金盘点	出纳员（006）	进行现金盘点，在运行记录（1.2）上登记现金余额（25万元）	
更新贷款/还本付息：上年度的短期借款到期，归还上年度的短期借款20万元及利息1万元	出纳员（006）	归还上年度的短期借款20万元及利息1万元，登记运行记录（1.2），登记还款的金额、日期等情况	
申请贷款		本季度不贷款	
购买订购的原材料并入库：采购总监根据上季度订单购买一个R1原材料，每个R1单价为1万元（不考虑增值税），以支票支付货款	采购总监（003）	填制运行记录（2.1），记录原材料的采购入库情况	任务1：在采购系统进行采购入库单增加；任务2：在采购系统进行采购发票增加，同时进行现付与结算操作（具体操作步骤参照附录B.4.1小节）
	会计员（002）	填制运行记录（1.2），记录现金的支出情况	

成功的公司不会等待外界的影响来决定自己的命运，而是始终向前看。
——［美］P. 罗杰斯

（续表）

经营事项	责任人	沙盘任务	电算化任务
下原料订单：继续向原材料供应商签订下一季度1个R1原材料的订单	采购总监（003）	填制运行记录（2.1），登记本季度所下订单	在采购系统增加采购订单（具体操作步骤参照附录B.4.2小节）
更新生产/完工入库：生产线上的在制品前移一格，完工入库一个P1产品（完工入库）	生产总监（005）	把P1产品送交产成品库，填制运行记录（2.2），登记本季度完工产成品	在库存系统增加产成品入库单并审核（具体操作步骤参照附录B.5.1小节）
变卖生产线/购买生产线/生产线到位：上季度购买的全自动生产线安装完工，并投入使用	生产总监（005）	将全自动生产线交付车间使用	
	会计员（002）		在固定资产系统进行固定资产增加的操作（参照附录B.6.1小节）
开始下一批生产：上线1个P1产品（生产领料），生产总监负责领料工作，并填制材料出库单	生产总监（005）	负责领料工作，并登记运行记录（2.2），记录原材料领用和在制品上线情况	在库存系统填制材料出库单并审核（具体操作步骤参照附录B.5.2小节）
支付加工费：为上线的P1产品开支票支付人工费1万元	出纳员（006）	支取1万元支付P1产品的加工费，并且在运行记录（1.2）上登记现金支出：-1	
更新应收款/应收款收现：上期应收账款到期，收回上季度的销售货款25万元。款项已划转至银行存款账户，收到银行的进账单（回单）	会计员（002）	登记运行记录（1.2），记录应收账款的收回情况	
	营销总监（004）		在销售系统进行收款结算并核销（具体操作步骤参照附录B.3.2小节）
按订单交货		本年度订单已交货，销售任务已完成	
产品研发投资		本季度没有新产品研发项目	
支付行政管理费：出纳员开出支票支付本季度管理部门办公费1万元	出纳员（006）	在运行记录（1.2）中记录现金支出：-1	

在其他人都投了资的地方去投资，你是不会发财的。

——［美］巴菲特

在筑墙之前应该知道把什么圈出去，把什么圈进来。
——［美］W.P. 弗洛斯特

（续表）

经营事项	责任人	沙盘任务	电算化任务
其他现金收支情况登记	出纳员（006）	记录除以上情况以外的现金收支状况及金额	
季度末账务处理	采购总监（003）		月末采购总监在采购系统进行采购结算
	会计员（002）		任务1：会计员在核算系统进行正常单据记账； 任务2：在核算系统进行供应商往来制单和客户往来制单； 任务3：在核算系统进行购销单据制单（填制出入库业务记账凭证）； 任务4：在总账系统对本季度归还短期借款、支付的加工费及行政管理费进行制单（填制记账凭证）
	财务总监（001）	检查现金收支情况	在总账系统审核记账凭证
	CEO	检查运行记录（1.1）的登记情况	
期末现金对账	出纳员（006）	登记现金收入合计（25万元）、现金支出合计（－24万元）、本季度末现金余额（26万元）	

3.8 年末运营

年末经营事项及操作指导如表3－7所示。电算化登录时间为30日。

表3-7 年末经营事项及操作指导

经营事项	责任人	沙盘任务	电算化任务
支付设备维护费：开出支票支付3条手工生产线的设备维护费，每条手工生产线1万元，共计3万元	出纳员（006）	从“现金”中支取3万元支付设备维护费，同时在运行记录（1.2）中记录现金支出：-3	
计提折旧（每条生产线每年1万元折旧费）	会计员（002）	从“设备价值”中支取3万元（每条手工生产线1万元）放入沙盘“折旧费”标识处	在固定资产系统中进行计提折旧的操作（参照附录B.6.2小节）
新市场开拓		本年度未进行新市场开拓	
年末账务处理	会计员（002）		在总账系统完成以下账务处理： 1）对已经支付的设备维护费填制凭证； 2）结转本年制造费用； 3）计算本年应交所得税1万元； 4）结转本年期间损益
	财务总监（001）		任务1：对上述凭证进行审核与记账； 任务2：按下列顺序进行月末结账： 采购系统月末结账； 销售系统月末结账； 库存系统月末结账； 核算系统期末处理及月末结账； 固定资产系统月末结账； 总账系统月末结账； 任务3：编制本年度“利润表”和“资产负债表”
期末现金对账	出纳员（006）	年末现金余额（23万元）	

只有在争辩中，才可能诞生最好的主意和最好的决定。

——［美］詹姆士·波克

结束语

开始经营的教学年，每个企业的经营状况都是一样的，而且老师又是“牵着鼻子走”，或许你倍感约束，又或许因操作不熟而茫然，万事开头难，接下来就要独立运作企业了，你准备好了吗？

把信息和情报放在第一位，金钱就会滚滚而来。

——［美］S.M. 沃尔森

任务4 经营规划

学习目标

- ◆ 知道每个角色应编制的计划。
- ◆ 会进行各种计划表格内容的预测及填写。
- ◆ 会通过计划与实际对比找出偏差，修订下一步计划。

故事会

有一天，3 个好久没见面的人偶然相遇，他们找了个地方聊天。第一个人说："我以前是从事房地产生意的，在 1990 年我的'身家'已有一千万元了，在当时也算是个富豪吧，但现在已经一无所有了，只能帮别人打工。"第二个人说："我以前是帮别人打工的，于 2000 年涉足房地产生意，现在拥有的财富有一千万元了。"第三个人说："我以前在学校念书，现在在别人的公司打工，所以现在我不是一个富翁。我已经在企业的工作中积累了很多丰富的经验。最近我分析了行业的景气度，计划明年辞职自己创业，估计不出两年我将会是一个富翁，并且我的财富会不断积累。"

启示：他们 3 个人，谁会是最后拥有财富的人呢？如果要你选择，你愿意做哪一个人？

过去，已成为历史，我们要借鉴；现在，我们要懂得珍惜，才会保证未来；将来，我们一定要好好计划，人生才会有目标。

当人们知道自己的工作成绩有人检查的时候会加倍努力。

——[英] H. 赫勒

做与学

承认问题是解决问题的第一步。——[美] M.K. 阿什

计划是进行各项工作前的准备，年初由总经理（CEO）召集各部门总监，制定企业未来发展的方向和规模，由各总监制订各自部门的计划。

4.1 企业发展规划

企业发展规划由总经理（CEO）制定。总经理在年底时，听取各部门负责人对本部门一年来工作的总结及对下一年的计划，规划企业发展的方向及规模，如图4-1所示。

企业的规划，关系到企业及员工的生存，如果决策失误，我将会是企业的罪人。

如果稳健操作，企业的风险会减小，但可能会失去很多发展的机会；如果冒险急进，风险难于预测，可能会把企业推向困境，甚至破产，但也可能因此获得巨大的收益。

我怎么办呢？

图4-1　总经理（或CEO）

经过汇总各部门负责人的工作总结及意见，现决定按表4-1进行企业生产能力的扩张。

表4-1　企业产能扩张计划表　条

生产线	类型	第1年				第2年			
		1季度	2季度	3季度	4季度	1季度	2季度	3季度	4季度
手工线	计划			-1					
	实际								
自动线	计划		+2						
	实际								
计划与实际偏差的原因									

企业产能扩张计划表的编制方法如下（参见图4-2）：

图4-2 知己知彼

①“计划”栏数据：在第一年年初拟定企业的生产规模，由总经理（CEO）填写预算增加或减少的生产线，增加用“+”，减少用“-”。如果第一季度准备购买两条自动生产线，则在“自动线”的“计划”与第二季度交叉栏空格填写“+2”，表明增加了两条生产线；如果预算第三季度出售一条手工线，则在“手工线”的“计划”与第三季度交叉栏空格填写“-1”，表明减少了一条生产线。

②“实际”栏数据：由总经理（CEO）根据企业在第几季度实际购买或出售生产线的数量来填写。同样，增加生产线时用“+”表示，出售生产线时用“-”表示。

③“计划与实际偏差的原因”栏：在企业的实际经营过程中，可能某些因素会造成实际与计划出现偏差，总经理（CEO）要找出原因并相应调整下一季度购买或出售生产线的计划数，影响下一年度的数据也要做出相应的调整。

4.2 生产计划

生产计划主要包括企业最大产能的计算和合理安排生产（开工），由生产总监根据生产线和销售订单来计算及安排，如图4-3所示。

根据企业现有产能和总经理的产能扩张计划，准确预算企业的最大生产能力，为营销总监参加年度订货会提供准确可靠的数据资料，保证企业能产多少就销售多少，使企业获得最大的利润。

图4-3 生产总监

规定应该少定，一旦定下之后，便得严格遵守。

——[英] 洛克

① 计算最大产能：最大产能由生产总监根据企业现有的全部生产线和计划扩大的生产线来计算。在计算过程中必须考虑手工生产线和自动生产线的生产周期和在制品处于生产线的第几季度上。最大产能的计算可以通过表 4-2 来进行。

没有创新精神的人永远也只能是一个执行者。

——［前苏联］达维多夫

表 4-2 企业产能计算表

生产线	第1年				第2年			
	1季度	2季度	3季度	4季度	1季度	2季度	3季度	4季度
手工线1			P			P		
手工线2		P			P			P
手工线3	P			P			P	
自动线1	P	P	P	P	P	P	P	P
自动线2		P	P	P	P	P	P	P
自动线3			P	P	P	P	P	P
自动线4				P	P	P	P	P
自动线5					P	P	P	P
自动线6						P	P	P
……								
合　计	2P	3P	4P	5P	6P	7P	7P	7P

从表 4-2 可知，手工生产线的生产周期为 3 个季度，自动生产线的生产周期为 1 个季度。通过这个产能计算表，如何计算最大产能呢？

- 手工生产线

如果手工生产线是在本年第一个季度投产，本年第四季度就可以产出产品，如表 4-2 中的“手工线 3”的第二个 P。

同样道理，如果手工生产线是在本年第二个季度投产，则在下一年第一季度就可以产出产品，如表 4-2 中的“手工线 2”的第二个 P。

如果手工生产线是在本年第三个季度投产，则在下一年第二季度就可以产出产品，如表4-2中的“手工线1”的第二个P。

如果手工生产线是在本年第四个季度投产，则在下一年第三季度就可以产出产品，如表4-2中的“手工线3”的第三个P。

“手工线1”的第一个P是在上一年（起始年）第四季度投产的，“手工线2”的第一个P是在上一年（起始年）第三季度投产的，“手工线3”的第一个P是在上一年（起始年）第二季度投产的。

- 自动生产线

如果在本年第一季度购买，则本年第二季度完成安装并投产，本年第三季度就能产出产品，从本年第三季度起每个季度都能产出产品，如“自动线3”。

如果自动生产线是在本年第二季度购买，则本年第三季度完成安装并投产，本年第四季度就能产出产品，从本年第四季度起每个季度都能产出产品，如“自动线4”。

如果自动生产线是在本年第三季度购买，则本年第四季度完成安装并投产，下一年第一季度就能产出产品，从下一年第一季度起每个季度都能产出产品，如“自动线5”。

如果在本年第四季度购买，则下一年第一季度完成安装并投产，下一年第二季度就能产出产品，从下一年第二季度起每个季度都能产出产品，如“自动线6”。

“自动线1”是在上一年（起始年）的第三季度购买，上一年（起始年）第四季度投产，本年第一季度产出第一个P产品。“自动线2”是在上一年（起始年）的第四季度购买，本年第一季度投产，本年第二季度产出第一个P产品。

② 开工计划：由生产总监根据销售总监的订货单合理安排生产P1还是P2，在何时能为销售总监提供多少个完工产品。开工计划表如表4-3所示。

表4-3 开工计划表

产品		第1年				第2年			
		1季度	2季度	3季度	4季度	1季度	2季度	3季度	4季度
P1	计划	2							
	实际								
P2	计划	1							
	实际								
人工费用	计划	3W							
	实际								

新思想只有落到真正相信它，对它着迷的人手里才能开花结果。

——[美]舍恩

（续表）

产　品	第1年				第2年			
	1季度	2季度	3季度	4季度	1季度	2季度	3季度	4季度
计划与实际偏差的原因								

生产总监根据订货单的产品名称（P1产品和P2产品）、交货期限、交货数量来安排生产，要避免某个产品数量偏多而另一个产品数量不够。

开工计划表中的数据的填写：如果第一季度预计投产2个P1和1个P2，则在P1与“1季度”交叉栏空格填写“2”，在P2与“1季度”交叉栏空格填写“1”，在“人工费用”的“计划”与“1季度”交叉栏空格填写第一季度生产需要的人工费用“3W”（表示3万元）。

4.3 采购计划

采购计划由采购总监（如图4-5所示）根据表4-2和表4-3，确定材料（R1和R2）采购的时间和数量。产能及材料需求计划表如表4-4所示。

根据生产进度计划，合理进行材料的采购，不要多购造成资金积压，更不能因计算错误而少购，这样会导致停工待料，更会造成不能按时交货影响企业名誉。

图4-5　采购总监

采购计划表的编制方法如下：

① 根据生产总监的“企业产能计算表”（见表4-4），计算每条生产线每个季度出产产品的数量，然后汇总企业的总产量。

② 生产产品必须耗用材料，产品用P表示，材料用R表示，从“采购规则”可知：采购R1要提前一个季度，采购R2要提前两个季度。即，如果本年第一季度要投产1个P1产品，就要在上一年的第四季度购进1个R1材料；如果本年第一季度要投

杰出的策略必须加上杰出的执行才能奏效。
——[美] H. 格瑞斯特

产1个P2产品，就要在上一年的第四季度购进1个R1材料和在上一年的第三季度购进1个R2材料。以生产P1产品为例，计算各季如何采购R1材料，如表4-4所示。

表4-4 产能及材料需求计划表

生产线		第1年				第2年			
		1季度	2季度	3季度	4季度	1季度	2季度	3季度	4季度
手工线1	产品			P1			P1		
	材料		R1			R1			
手工线2	产品		P1			P1			P1
	材料	R1			R1			R1	
手工线3	产品	P1			P1			P1	
	材料			R1			R1		
自动线1	产品	P1	P1	P1	P1	P1	P1	P1	P1
	材料	R1	R1	R1	R1	R1	R1	R1	
自动线2	产品		P1	P1	P1	P1	P1	P1	P1
	材料	R1	R1	R1	R1	R1	R1	R1	
合计	产品	2P1	3P1	3P1	3P1	3P1	3P1	3P1	3P1
	材料	3R1	3R1	3R1	3R1	3R1	3R1	3R1	

如表4-4所示，“手工线1”在第一年第三季度产出1个P1产品，则要在第一年第二季度购进1个R1材料，其他生产线如此类推。

③ 根据全部生产线每一季度的总产量，确定提前一个季度购进多少个R1材料和提前两个季度购进多少个R2材料（见图4-6）。

谦和的态度常会使别人难以拒绝你的要求。这也是一个人无往不胜的要诀。

——[日]松下幸之助

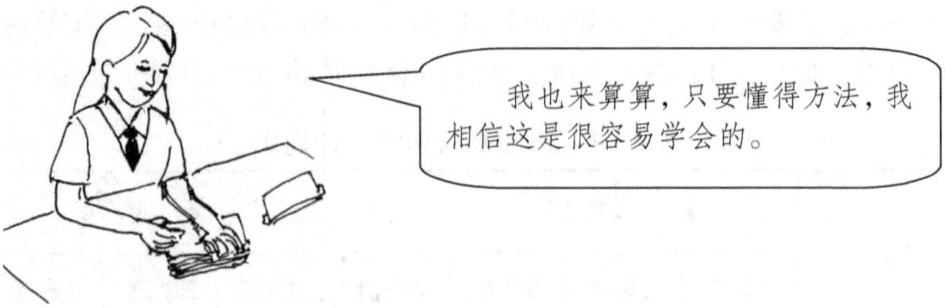

图4-6　熟能生巧

确定每个季度的计划采购量后，我们就要编制采购及材料付款计划表，如表4-5所示。

表4-5　采购及材料付款计划表

材料		第1年				第2年			
		1季度	2季度	3季度	4季度	1季度	2季度	3季度	4季度
R1	计划	3	3						
	实际								
R2	计划	1							
	实际								
材料付款	计划		3W	4W					
	实际								
计划与实际偏差的原因									

采购总监根据表4-4的数据填写。

如果第二季度要投产3个P1产品，那么第一季度必须采购3个R1材料，在表4-5中R1与第一年第一季度的交叉栏空格填写“3”，“材料付款”与第一年第二季度的交叉栏空格填写“3W”（表示3万元）。

如果第三季度要投产2个P1产品和1个P2产品，那么第一季度必须采购1个R2材料，在表4-5中R2与第一年第一季度的交叉栏空格填写“1”；第二季度必须采购3个R1材料，R1与第一年第二季度的交叉栏空格填写“3”；“材料付款”与第一年第三季度的交叉栏空格填写“4W”（表示4万元）。

唯一持久的竞争优势，也许就是比你的竞争对手学习得更快的能力。
——［美］阿瑞斯·德格

4.4 营销计划

营销计划由营销总监根据相关资料预测市场的需求而制定。

① 产品研发计划：由营销总监根据新产品的需求量，结合预测新产品的价格，开发新产品。P2 产品研发计划表如表 4-6 所示。

表 4-6　P2 产品研发计划表

万元

费用项目		第 1 年				第 2 年			
		1 季度	2 季度	3 季度	4 季度	1 季度	2 季度	3 季度	4 季度
开发费用	计划								
	实际								
资格证费用	计划								
	实际								
合计	计划								
	实际								
计划与实际偏差的原因									

新产品的研发可以在任何一个季度进行，开发时间为两个季度，只有研发了新产品并取得资格证书，企业才能在下一阶段生产该产品。营销总监根据计划在“开发费用”栏填写开发费用，如果在第二季度开始研发，则在第二季度与“开发费用”交叉栏空格填写“2”。

企业要发展，员工要生存，我必须努力找“粮”呀。

根据企业的产能争取合理的订单，根据市场需求研发新产品，根据市场容量开拓新市场。只有做到这些，企业才不会“断粮”，甚至会“金银满屋”哩。

我要加油、努力！

图 4-7　营销总监

② 市场开发计划表：由营销总监根据市场容量及时开发新市场。区域市场开发计

新经济时代，不是大鱼吃小鱼，而是快鱼吃慢鱼。

——[美]约翰·钱伯斯

划表如表 4-7 所示。

表 4-7　区域市场开发计划表　　万元

费用项目		第 1 年				第 2 年			
		1 季度	2 季度	3 季度	4 季度	1 季度	2 季度	3 季度	4 季度
开发费用	计划								
	实际								
合计	计划								
	实际								
计划与实际偏差的原因									

市场的开发要用一个季度，只有本年开发了新市场，下一年才能在这个新市场进行产品销售。新市场的开发时间需要精打细算，如图 4-8 所示。

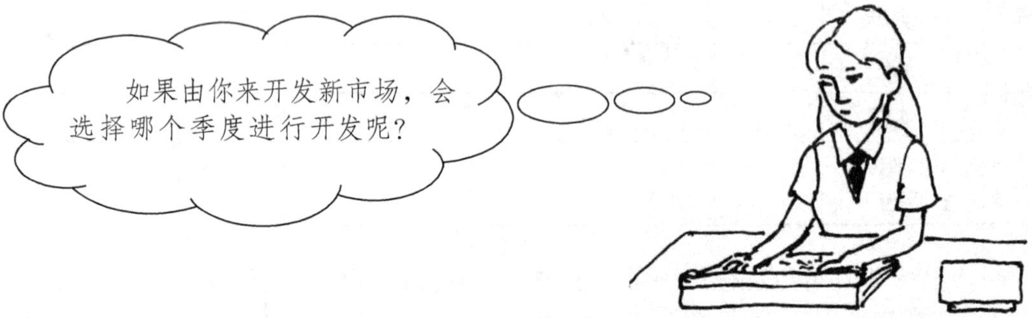

图 4-8　精打细算

③ 广告投入计划表：由营销总监根据企业的产能和各个市场对各产品的需求，计划在不同市场、不同产品分别投入多少广告费用。广告投入计划表如表 4-8 所示。

表 4-8　广告投入计划表　　万元

产品名称		本地市场	区域市场
P1 产品	计划		
	实际		
P2	计划		
	实际		
合计	计划		
	实际		
计划与实际偏差的原因			

魔鬼存在于细节之中。

——[德]密斯·凡·德·罗

广告费的投入，要考虑两个因素：一是各地市场对产品的需求量及价格优势；二是在产能保证的前提下可争取多少张订单。例如，P1 产品预算在本地市场拿两张订单，区域市场拿一张订单，需要在本地市场最少投入 2 万元的广告，在区域市场最少投入 1 万元的广告，如果想优先拿单，还必须增加广告费的投入。

④ 销售计划表：由营销总监根据订单合理安排销售产品。制订计划时必须考虑销售产品的数量、账期及金额，以最快的时间出售产品、及时收回货款，减轻企业资金的压力。销售计划表如表 4-9 所示。

表 4-9　销售计划表

<table>
<tr><th colspan="3">产品名称</th><th>第一季度</th><th>第二季度</th><th>第三季度</th><th>第四季度</th></tr>
<tr><td rowspan="8">P1
产
品</td><td rowspan="4">计划</td><td>订单号</td><td></td><td></td><td></td><td></td></tr>
<tr><td>数量/个</td><td></td><td></td><td></td><td></td></tr>
<tr><td>金额/万元</td><td></td><td></td><td></td><td></td></tr>
<tr><td>账期/季</td><td></td><td></td><td></td><td></td></tr>
<tr><td rowspan="4">实际</td><td>订单号</td><td></td><td></td><td></td><td></td></tr>
<tr><td>数量/个</td><td></td><td></td><td></td><td></td></tr>
<tr><td>金额/万元</td><td></td><td></td><td></td><td></td></tr>
<tr><td>账期/季</td><td></td><td></td><td></td><td></td></tr>
<tr><td rowspan="4">合
计</td><td rowspan="2">计划</td><td>数量/个</td><td></td><td></td><td></td><td></td></tr>
<tr><td>金额/万元</td><td></td><td></td><td></td><td></td></tr>
<tr><td rowspan="2">实际</td><td>数量/个</td><td></td><td></td><td></td><td></td></tr>
<tr><td>金额/万元</td><td></td><td></td><td></td><td></td></tr>
<tr><td rowspan="8">P2
产
品</td><td rowspan="4">计划</td><td>订单号</td><td></td><td></td><td></td><td></td></tr>
<tr><td>数量/个</td><td></td><td></td><td></td><td></td></tr>
<tr><td>金额/万元</td><td></td><td></td><td></td><td></td></tr>
<tr><td>账期/季</td><td></td><td></td><td></td><td></td></tr>
<tr><td rowspan="4">实际</td><td>订单号</td><td></td><td></td><td></td><td></td></tr>
<tr><td>数量/个</td><td></td><td></td><td></td><td></td></tr>
<tr><td>金额/万元</td><td></td><td></td><td></td><td></td></tr>
<tr><td>账期/季</td><td></td><td></td><td></td><td></td></tr>
</table>

三流的点子加一流的执行力，永远比一流的点子加三流的执行力更好。

——[日]孙正义

（续表）

产品名称			第一季度	第二季度	第三季度	第四季度
合计	计划	数量/个				
		金额/万元				
	实际	数量/个				
		金额/万元				
计划与实际偏差的原因						

4.5 资金计划

资金计划是由财务总监（见图4-9）根据企业发展规划、生产计划、采购计划和营销计划的资金需要量和企业进行正常经营所需的资金而编制的计划。

> 资金是企业的血液，我要保证血液的供应，否则整个企业就会因此而停顿，甚至破产。
>
> 所以对于每一个部门每一个季度预计所需的资金我都要计算清楚，保证资金链不会断。

图4-9　财务总监

① 现金预算表：由财务总监根据每个部门的计划，预算每个季度现金的需要量而制定。现金预算表的格式如表4-10所示。

表4-10　现金预算表　　万元

	第一季度	第二季度	第三季度	第四季度
期初库存现金				
支付上年应交税费				
市场广告投入				
贴现费用				
支付到期短期贷款				

当大街上遍地都是鲜血的时候，就是你最好的投资时机。

——李嘉诚

（续表）

	第一季度	第二季度	第三季度	第四季度
支付短期贷款利息				
原材料采购				
生产线投资				
工人工资				
市场开拓投资				
产品研发投资				
支付管理费用				
设备维护费用				
其他现金支出				
收到现金前的所有支出				
应收款到期				
应收款贴现				
库存现金余额				
现金缺口				
计划短期贷款				

第一季度计划与实际的偏差及原因：________________________________

____

____

____

____。

第二季度计划与实际的偏差及原因：________________________________

____

____

____

____。

第三季度计划与实际的偏差及原因：________________________________

____

____

丧失财富的人损失很大，可是丧失勇气的人，便什么都完了！

——［西班牙］米格尔·德·塞万提斯

____

____。

第四季度计划与实际的偏差及原因：________________________________

____

____

____

____。

在表4-10中，有些项目的现金支付时间已经确定，如上年的税费必须在第一季度支付，而设备维护费则在第四季度才支付。其他各项根据企业发展规划、生产计划、采购计划和营销计划资金需要量填写，然后财务总监分析现金缺口制订贷款计划，保证企业有足够的资金进行周转。

结束语

珍惜今天，展望未来，各位，好好谋划你们的未来吧！

省钱就是挣钱。——[美]约翰·洛克菲勒

附录A 常见问题解答

A. 1 如何进行市场的预测分析

每一年召开订货会前，企业必须做好市场预测，包括每个市场每种产品需求量的分析和产品价格走势分析。市场预测是企业规划及广告投入的重要依据。

1. 本地市场分析（见附图 A−1）

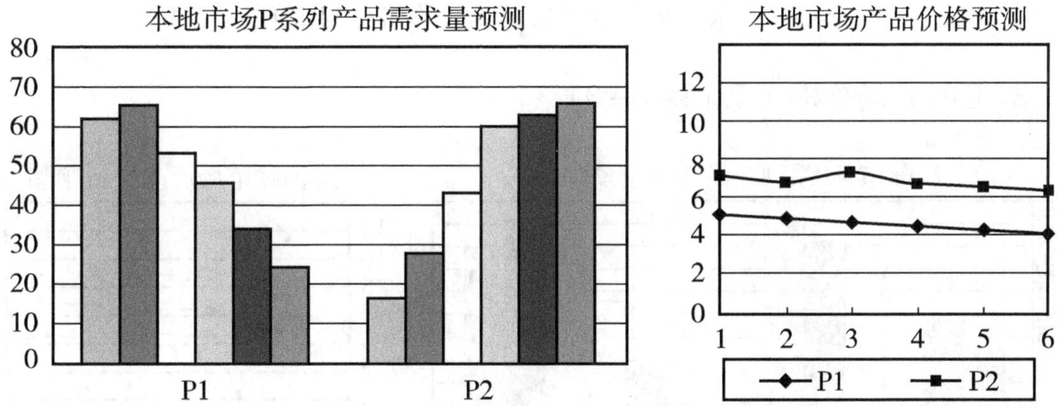

附图 A−1 本地市场产品需求量和价格预测

P1 产品由于技术水平较低，虽然近几年本地市场需求较旺盛，但未来将会逐渐下降。根据 P1 产品需求量与价格预测图分析，前 3 年本地市场对 P1 产品的需求较大，后 3 年逐渐下滑。由于本地市场对 P1 产品的需求日趋饱和状态，因此价格呈逐年下降趋势。

P2 产品是 P1 产品的技术改进版，根据 P2 产品需求量与价格预测图分析，P2 产品随着产品的成熟，在本地市场的需求量会逐年放大，前 3 年价格将会走高。但由于在市场的激烈竞争的作用下，使后 3 年的价格呈逐年下降趋势。

做正确的事比把事情做对更重要。
——［美］彼得·德鲁克

一个重视贡献的人，为成果负责的人，不管他职位多卑微，他仍属于『高层管理者』。
——［美］彼得·德鲁克

2. 区域市场分析（见附图 A-2）

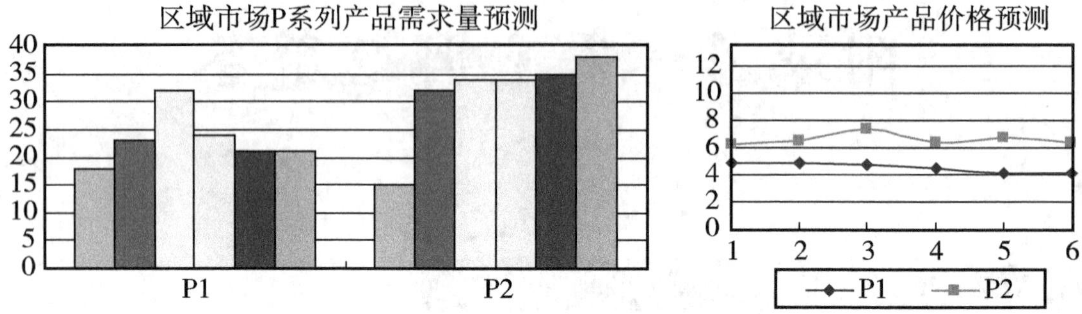

附图 A-2　区域市场产品需求量和价格预测

根据 P1 产品需求量与价格预测图分析，P1 产品在区域市场的客户除了第 3 年的需求量较大外，其他年份都相对比较稳定。市场的需求总量较本地市场少，价格也变化不大。

根据 P2 产品需求量与价格预测图分析，由于 P2 产品在新开发市场的第 1 年，客户对新产品处于观望态度，因此第 1 年的需求量较少。随着市场的成熟，其他年份的需求量比较平稳。市场的需求总量较本地市场少，价格也变化不大。

3. 国际市场分析（见附图 A-3）

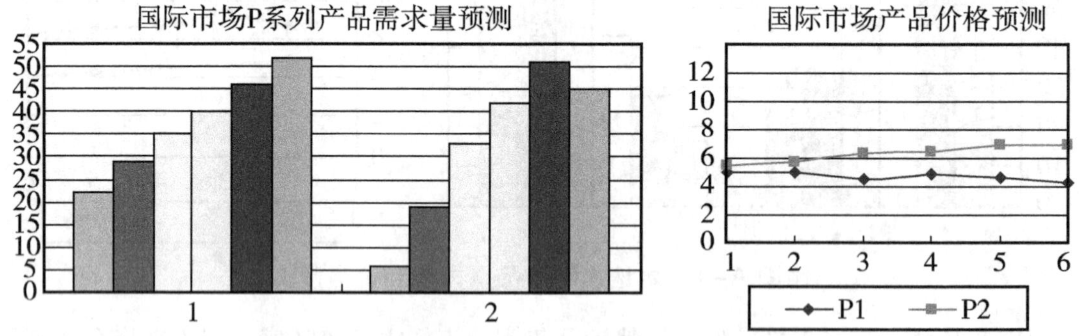

附图 A-3　国际市场产品需求量和价格预测

根据 P1 产品需求量与价格预测图分析，随着国际市场的逐渐成熟，客户对 P1 产品的需求量会持续增长。第 5 年、第 6 年的需求总量较本地市场和区域市场多，价格也变化不大。

根据 P2 产品需求量与价格预测图分析，由于 P2 产品在新开发市场的第 1 年，客户对新产品处于观望态度，因此第 1 年的需求量较少。随着市场的成熟，其他年份的需求量逐渐增大。P2 产品因更适合国际市场的需求，预测价格也会有逐年提高的趋势，市场的需求总量较本地市场少。

A. 2 如何预算资金

附表 A-1 所示是一个企业某年的现金流预算。

附表 A-1 现金流预测（1）

序号	请按顺序执行下列各项操作	财务总监在方格中填写现金收支情况			
年初	参加订货会/支付广告费/登记销售订单	-5			
	制订新年度计划				
	支付应付税				
1	季初现金盘点（请填余额）	50	20	-4	-4
2	更新贷款/还本付息				
3	申请贷款				
4	购买订购的原材料并入库	-8	-10		
5	下原料订单				
6	更新生产/完工入库				
7	变卖生产线/购买生产线/生产线到位	-12	-5		
8	开始下一批生产	-6	-4		
9	更新应收款/应收款收现				
10	按订单交货				
11	产品研发投资	-3	-3		
12	支付行政管理费	-1	-1		
13	其他现金收支情况登记				
14	现金收入合计	0	0		
15	现金支出合计	-30	-24		
16	期末现金对账（请填余额）	20	-4	-4	-4
年末	支付设备维护费				
	计提折旧				（ ）
	新市场开拓				
	结账				

有效的管理者不做太多的决策。他们所做的，都是重大的决策。
——[美] 彼得·德鲁克

值得注意的是第二季度，计划执行到产品研发投入时，账面现金就会出现 -2 万元。现金出现短缺，说明这个资金预算不可行。调整的方法有两种：一种是可以减少资金的投入，如第一、第二季度不购买生产线；另一种是及时向银行贷款，如第二季度通过银行取得短期贷款 20 万元。

A.3 过了申请贷款的流程，发现资金不够了，怎么办

有两种解决办法。

方法一：应收账款贴现（W 表示“万元”，本书后同），操作流程如附图 A-4 所示。

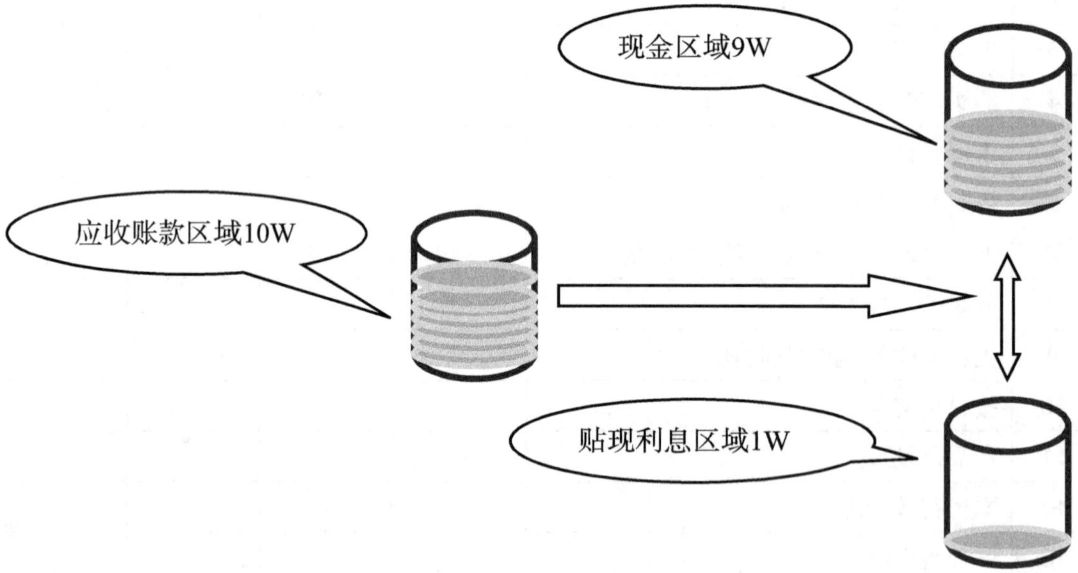

附图 A-4 应收账款贴现

方法二：借入高利贷。

1）借入高利贷时，向银行取 20W（一桶）现金放入现金区域，另将一空桶置于其他贷款区域（第四季度）处。

2）到期偿还本金和支付利息时，操作流程如附图 A-5 所示。

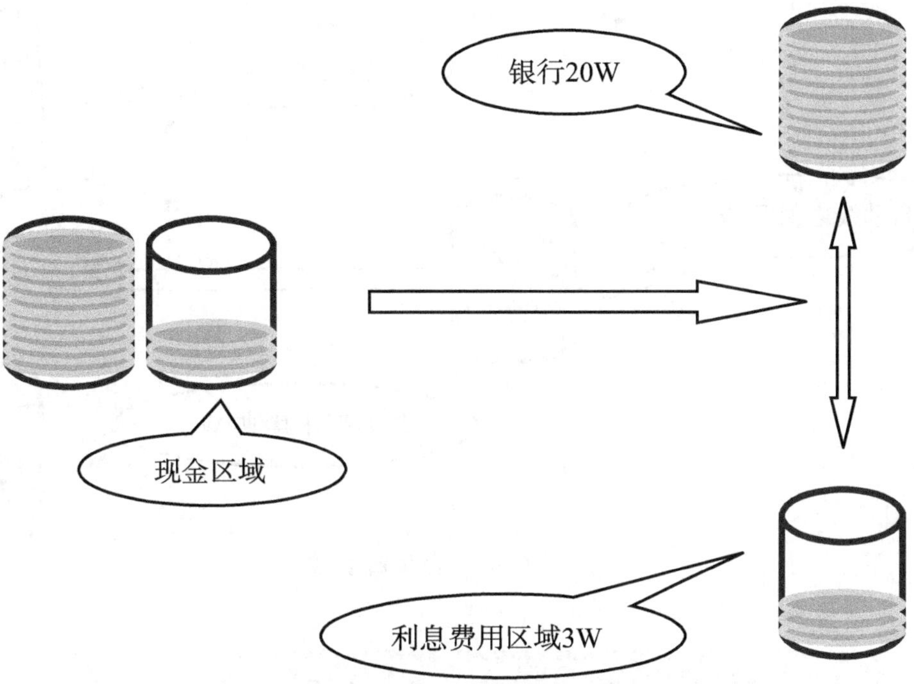

附图 A-5 到期偿还本金和支付利息

A. 4 想拿到 5 张订单，应该投放多少广告费

根据广告订单规则，每增加 1 万元广告费投入就可以增加一次选单机会，但要得到这个机会，还必须有个前提，即市场上有足够的订单，因此，营销总监要根据市场状况以及竞争对手的状况做出决策。想拿到 5 张订单，至少要投放 5 万元广告费。

A. 5 变卖生产线的操作

根据规则，只有空置的生产线才能变卖，如果生产线上有在制品，必须等在制品下线后才能变卖。变卖生产线时，只能按残值收回现金，余下的均计入损失（综合费用区“其他”）。例如，变卖净值为 8 万元自动线时的操作流程如附图 A-6 所示。

在企业内部，只有成本。
——［美］彼得·德鲁克

抓住时机并快速决策是现代企业成功的关键。

——［美］艾森哈特

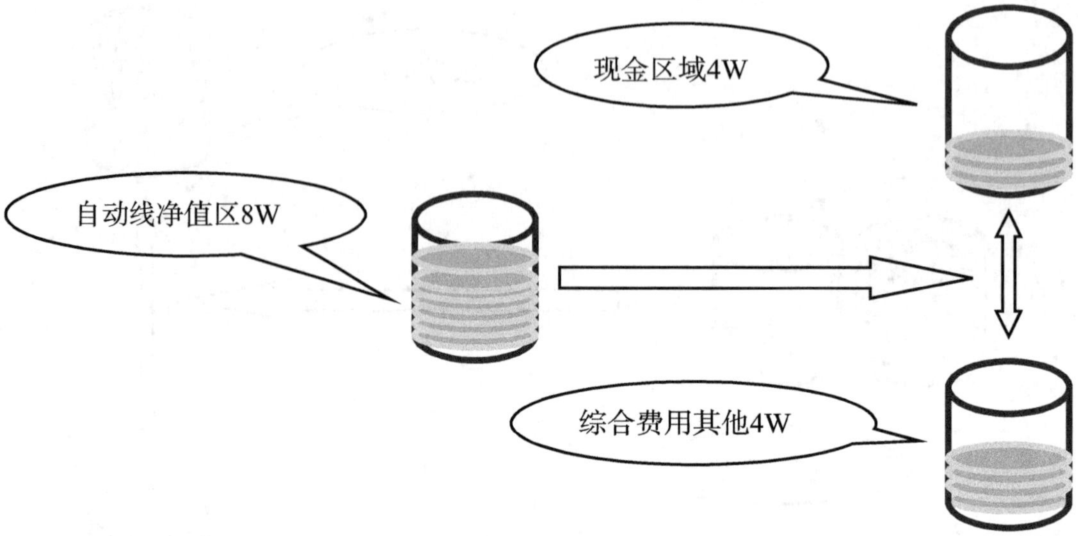

附图 A-6　变卖自动线

A. 6　收到有账期的应收账款怎么处理

如果营销总监交货时，收到有账期的应收账款，则财务总监填写“运行记录（1. 2）”“按订单交货”一栏时，货款金额应该填入括号中，并用下脚标注明账期。例如，企业在第一季度交货时，收到一张金额为 28 万元、账期为 3Q 的应收账款，则第四季度才能收回现金 28 万元。财务总监填写的“运行记录（1. 2）”的格式如附表 A-2 所示。

附表 A-2　运行记录（1. 2）的填写

序号	请按顺序执行下列各项操作	财务总监（助理）在方格中填写现金收支情况			
年初	参加订货会/支付广告费/登记销售订单				
	制订新年度计划				
	支付应付税				
1	季初现金盘点（请填余额）				
⋮	……	…	…	…	…
9	更新应收款/应收款收现		$(28)_2$	$(28)_1$	28
10	按订单交货	$(28)_3$			
⋮	……	…	…	…	…

A. 7 不能按时完成订单，交不了货怎么办

根据规则，企业如果因产能或其他原因，未能按时按量交货，则将受到如下处罚。

① 取消该订单。

② 按该订单销售额的 25%(取整) 扣罚违约金。

扣罚违约金时，以现金支付，从现金区取出放入综合费用区“其他”栏。在“运行记录（1.2)”中“其他现金收支情况登记”栏做记录，用负数表示。

例如，违约订单如附表 A-3 所示。

附表 A-3 违约订单

P2				
数量	价格	收入	账期	编号
7	6.2	43	2	LP2 - 11

企业将被处罚 10 万元。从现金区域取出现金 10 万元放入综合费用区“其他”栏。财务总监在“运行记录（1.2)”中“其他现金收支情况登记”一栏记“-10”。

A. 8 企业赚钱了，怎么计算所得税

按上年的利润留存调整本年利润总额，将调整后的利润总额计提所得税。

应交所得税 = 调整后的利润总额 × 25%　　（金额取整数）

调整利润总额的方法如下。

先查阅上年度的资产负债表，如果上年的利润留存为负，则为本年利润总额减去上年的利润留存；如果上年的利润留存为正，则为本年利润总额。

感情投资是在所有投资中，花费最少，回报率最高的投资。
——［日］藤田田

附录 B　畅捷通软件操作指南

B.1 总账系统

总账系统由会计员负责操作，主要业务如附图 B-1 所示。

① 为所支付广告费、人工费、行政管理费、维修费、还贷款业务、产品研发费、市场开发费等业务填制记账凭证。

② 为所交纳的税费填制记账凭证。

③ 结转本年期间损益。

会计员（002）

附图 B-1　总账系统的操作业务

总账系统的操作步骤如下。

1）会计员登录控制台，进入总账系统，如附图 B-2 所示。

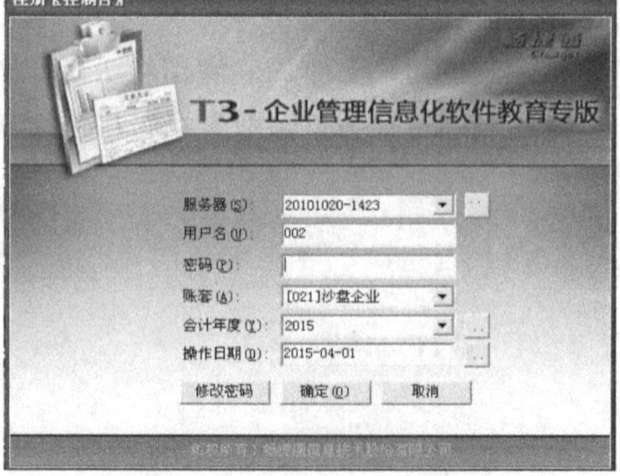

附图 B-2　登录控制台

乐观的人到处都看到绿灯，悲观的人只看到停步的红灯，而真正聪明的人则是色盲。——［德］史怀哲

2）选择【总账】|【凭证】|【填制凭证】命令，如附图 B-3 所示。

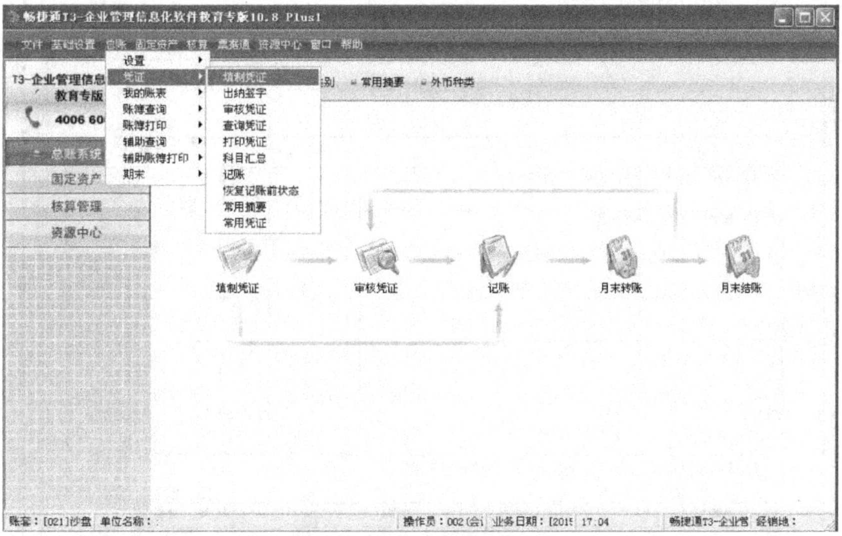

附图 B-3 选择【填制凭证】命令

3）进入记账凭证输入窗口，如附图 B-4 所示。

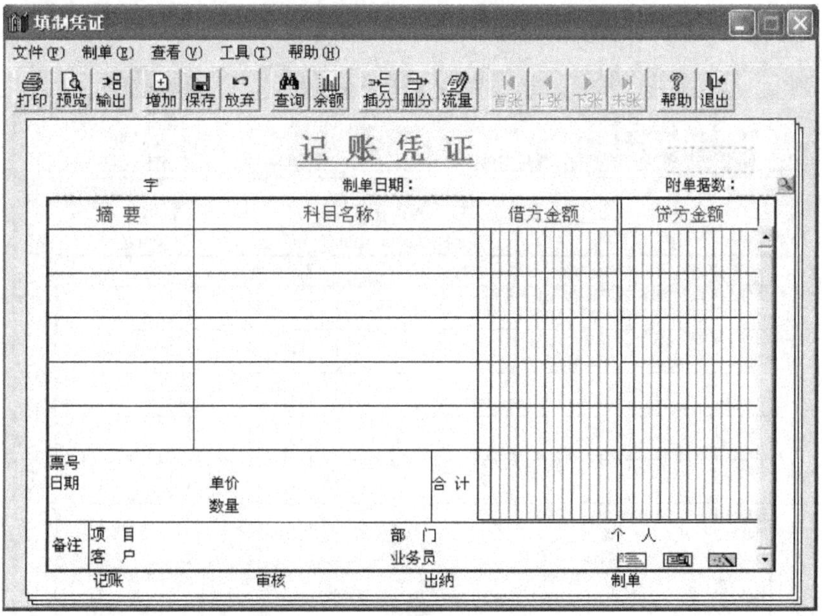

附图 B-4 记账凭证输入窗口

4）在工具栏上单击【增加】按钮，输入凭证内容后，单击【保存】按钮保存当前记账凭证，如附图 B-5 所示。

一位经理的工作就是将系统里各成员的努力加以整合，以达成组织原先设定的目标。

——［美］威廉·戴明

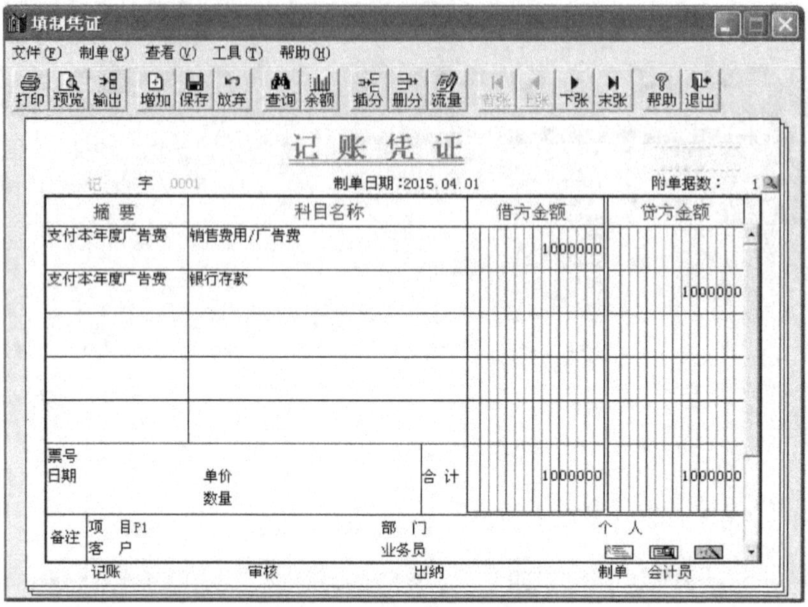

附图 B-5　输入凭证内容

5）单击【增加】按钮，继续填制记账凭证后，单击【保存】按钮，如附图 B-6 所示。

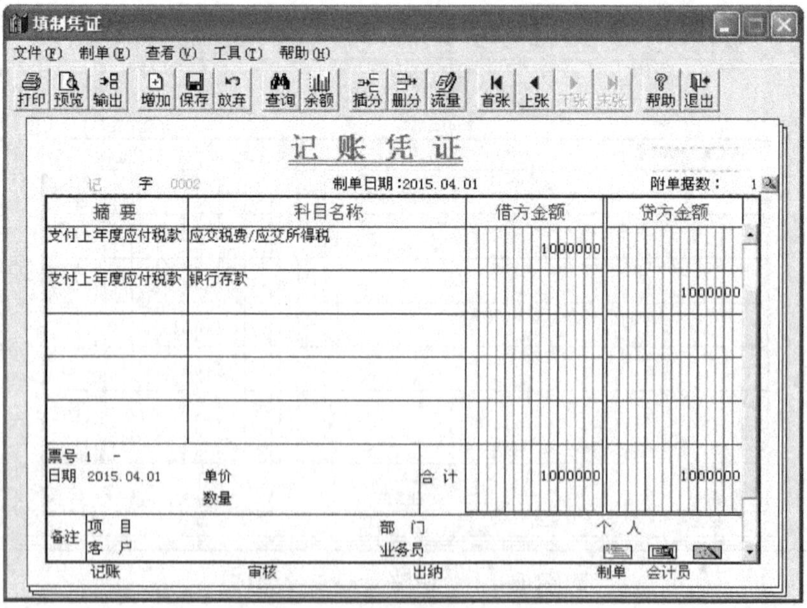

附图 B-6　继续增加凭证

6）全部记账凭证输入完成后，单击【退出】按钮，返回主界面。

若是瞎子领导瞎子，则两人都要掉进坑里。

——（圣经）马太福音

B.2 存货核算系统

存货核算系统由会计员负责操作，主要业务如附图 B-7 所示。

① 月末存货记账。

② 月末对采购付款业务制单。

③ 销售收款业务制单。

④ 月末对采购业务、销售业务、出入库业务制单。

会计员（002）

附图 B-7　存货核算系统的操作业务

B.2.1 月末存货记账

月末存货记账（在核算系统进行正常单据记账）的操作步骤如下。

1）会计员登录系统控制台。

2）选择【核算】|【核算】|【正常单据记账】命令，系统显示【正常单据记账条件】对话框。

3）选择“仓库”和单据类型后，单击【确定】按钮，如附图 B-8 所示。

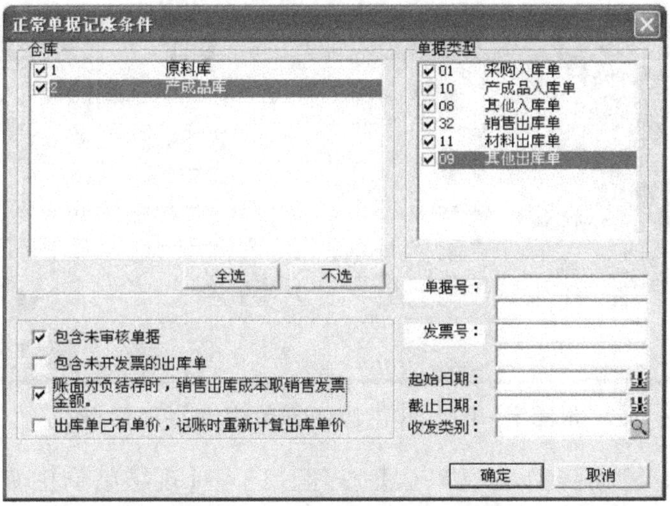

附图 B-8　【正常单据记账条件】对话框

我一直信奉以下做事的三原则：有勇气改变可以改变的事情，有度量接受不可改变的事情，有智慧分辨两者的不同。
——李开复

4）选择记账单据，单击【记账】按钮，如附图 B-9 所示。

附图 B-9　【正常单据记账】窗口

5）单击【退出】按钮，退出本功能。

B. 2. 2　采购业务制单（供应商制单）

采购业务制单的操作步骤如下。

1）选择【核算】|【凭证】|【供应商往来制单】命令，进入【供应商制单查询】对话框，如附图 B-10 所示。

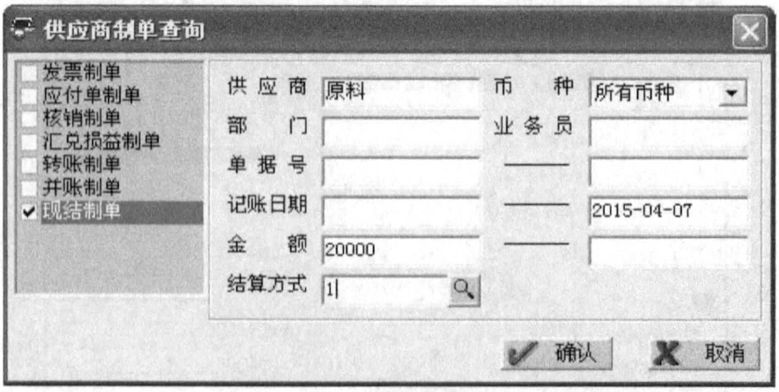

附图 B-10　【供应商制单查询】对话框

2）选择制单类型后，单击【确认】按钮，进入【现结制单】窗口，如附图 B-11 所示。

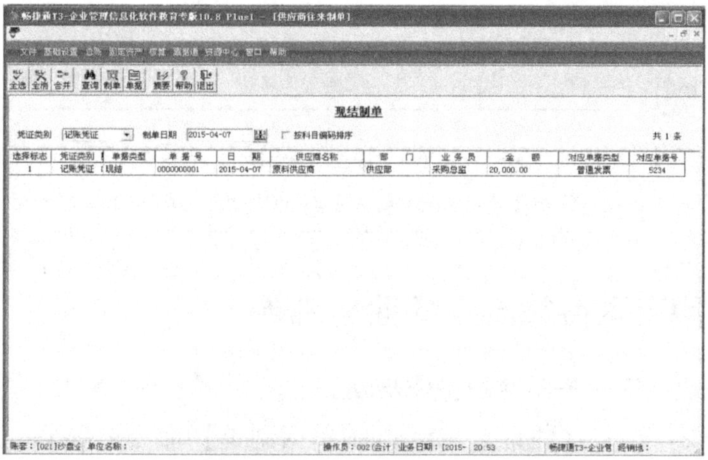

附图 B-11 【现结制单】窗口

说明

采购同时货款结算的业务，在单据类型中选择【现结制单】；采购货款未付业务，在单据类型中选择【发票制单】；支付供应商欠款，在单据类型中选择【核销制单】。

3）在【选择标志】处单击选择制单内容，单击菜单栏上的【制单】按钮，系统自动生成记账凭证，如附图 B-12 所示。单击工具栏上的【保存】按钮。

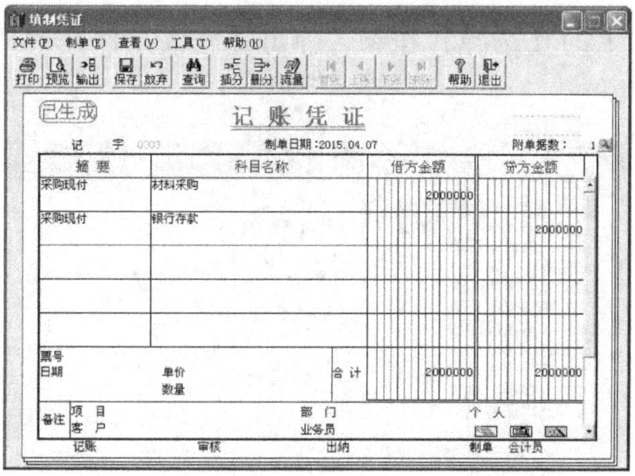

附图 B-12 生成记账凭证

B.2.3 销售业务制单

销售业务制单（客户制单）的操作步骤请参照 B.2.2 小节。

建立在生意上的友谊远比建立在友谊上的生意来得好。
——［美］约翰·D. 洛克菲勒

说明

销售实现同时货款结算的业务，在单据类型中选择【现结制单】；销售实现货款未付业务，在单据类型中选择【发票制单】；收到客户支付的欠款，在单据类型中选择【核销制单】。

企业最大的资产是人。——[日] 松下幸之助

B. 2. 4 月末对存货出入库业务制单

月末对存货出入库业务制单的操作步骤如下。

1）选择【核算】|【凭证】|【购销单据制单】命令，屏幕显示【生成凭证】窗口，选择所需生成的凭证类别，如附图 B-13 所示。

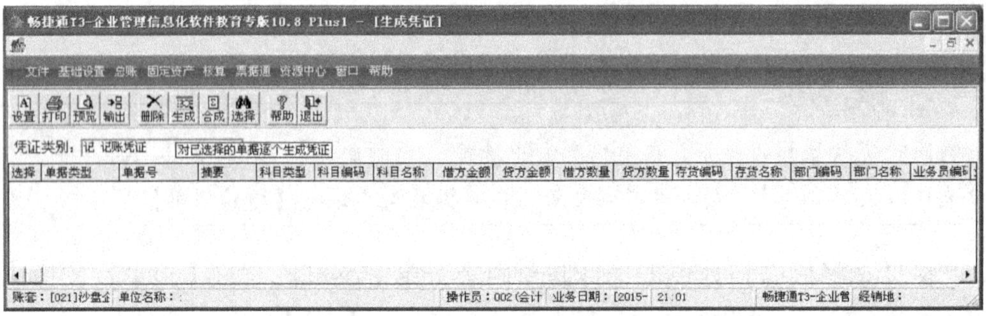

附图 B-13 【生成凭证】窗口

2）单击工具栏上的【选择】按钮，弹出【查询条件】对话框，如附图 B-14 所示。

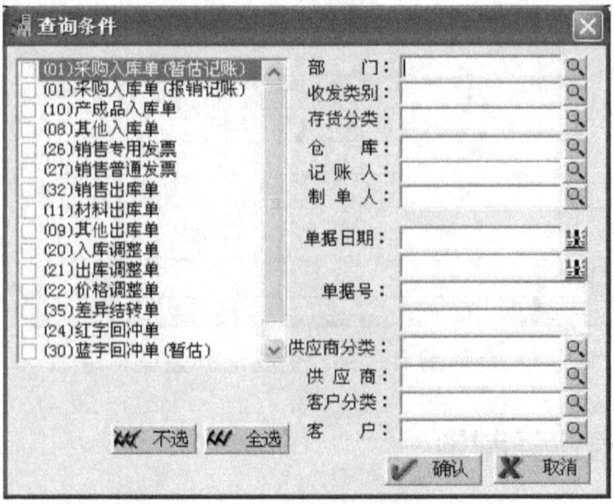

附图 B-14 【查询条件】对话框

3）在【查询条件】对话框中根据用户需要选择生成凭证的单据，单击【确认】按钮，生成如附图 B-15 所示的凭证单据一览表。

附图 B-15　【选择单据】窗口

4）在相同业务类型的单据的“选择”栏中输入相同的数值，如“1”，表示需要合并生成凭证的单据，然后单击【确定】按钮，如附图 B-16 所示。

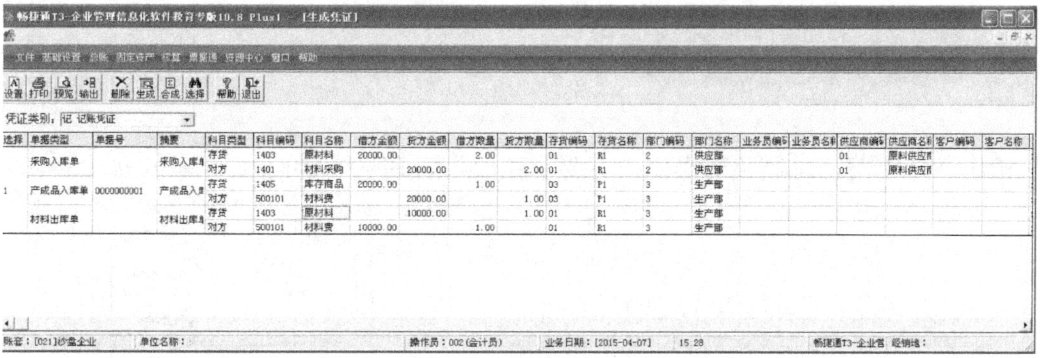

附图 B-16　合并生成凭证的单据

5）单击工具栏上的【生成】或【合成】按钮，系统自动生成凭证，如附图B-17 所示。对凭证的内容可修改凭证类别、凭证摘要、借方科目、贷方科目、金额，可以增加或删除借贷方记录。单击工具栏上的【保存】按钮，保存当前记账凭证。通过【下张】按钮选择下张凭证进行修改保存，直到完成所有凭证保存，如附图 B-18 所示。

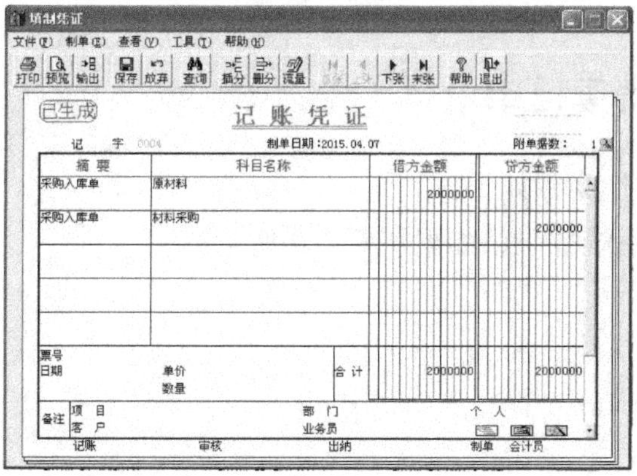

附图 B-17　生成凭证

用人不在于如何减少人的短处，而在于如何发挥人的长处。

——［美］彼得·德鲁克

卓有成效的管理者善于用人之长。
——[美]彼得·德鲁克

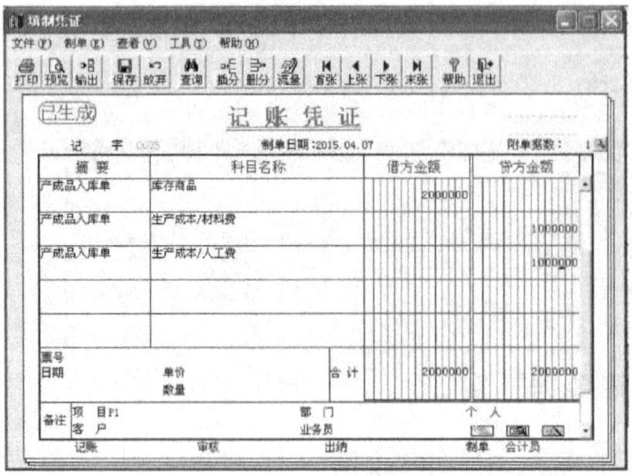

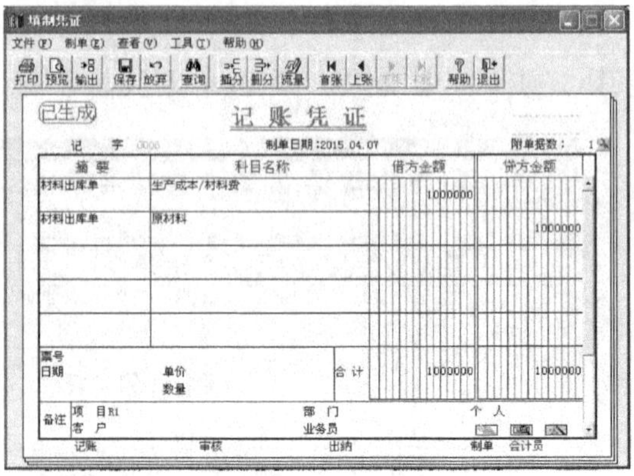

附图 B-18　选择凭证

B.3 销售核算系统

销售系统由营销总监负责操作，主要业务如附图 B-19 所示。

> ① 在订货会上获得销售订单，在销售系统进行销售订单登记。
>
> ② 应收账款到期，在销售系统填制收款单。
>
> ③ 按订单交货，在销售系统进行发货单、销售发票、产品出库单的填制。

营销总监（004）

附图 B-19　销售核算系统的操作业务

B.3.1 录入销售订单

录入销售订单的操作步骤如下。

1）营销总监进行系统登录，如附图 B-20 所示。

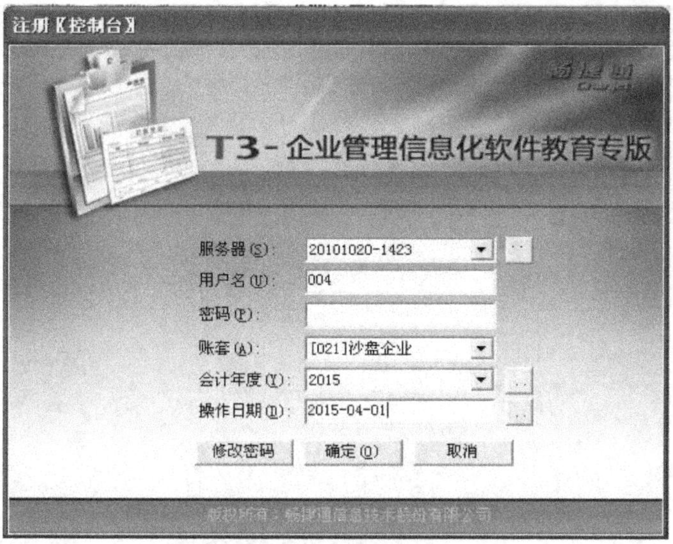

附图 B-20　营销总监登录系统

2）单击【确定】按钮后，进入销售系统窗口，如附图 B-21 所示。

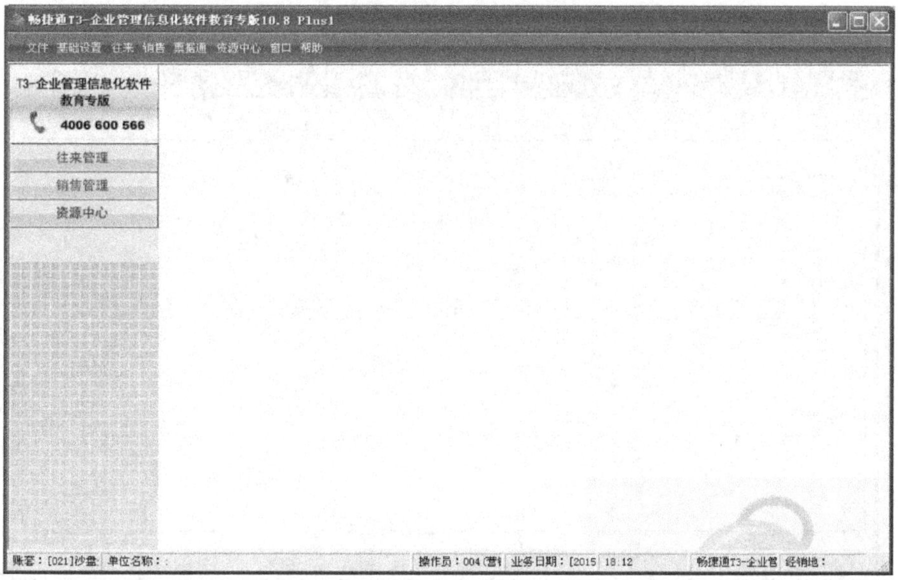

附图 B-21　营销总监进入销售系统窗口

3）选择【销售】|【销售订单】命令，如附图 B-22 所示。

员工培训是企业风险最小，收益最大的战略性投资。

——[美] 沃伦·贝尼斯

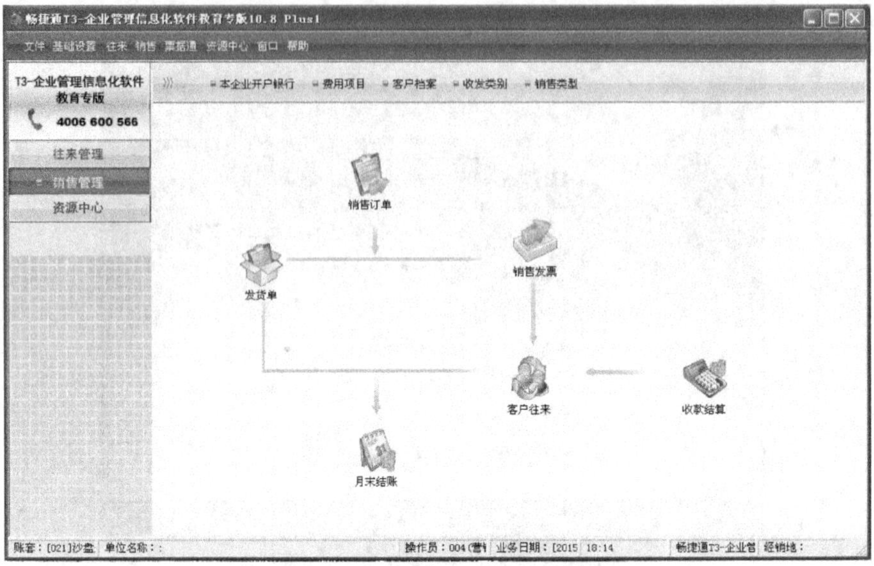

附图 B-22　选择【销售订单】命令

4）单击【增加】按钮，进入订单录入窗口，如附图 B-23 所示。

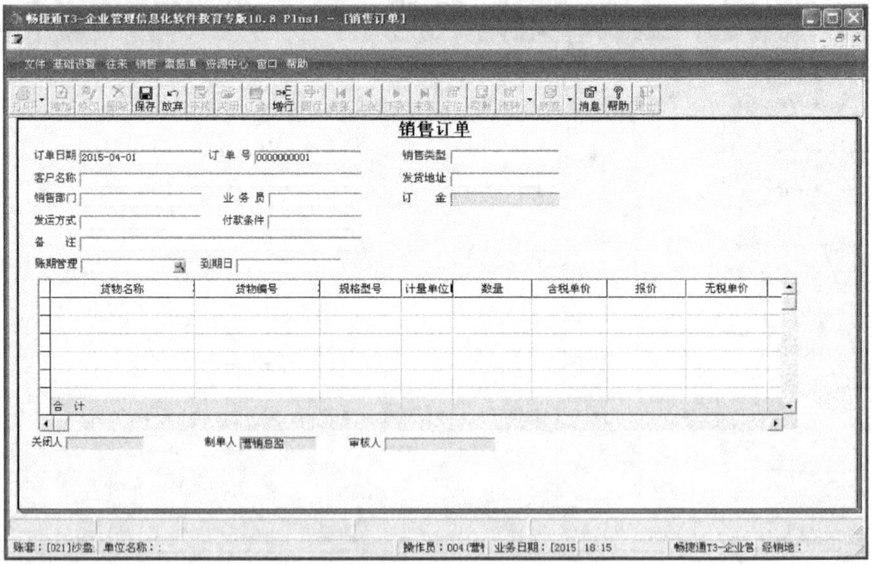

附图 B-23　订单录入窗口

5）输入订单头内容，如附图 B-24 所示。

一个公司要发展迅速得力于聘用好的人才，尤其是需要聪明的人才。

——［美］比尔·盖茨

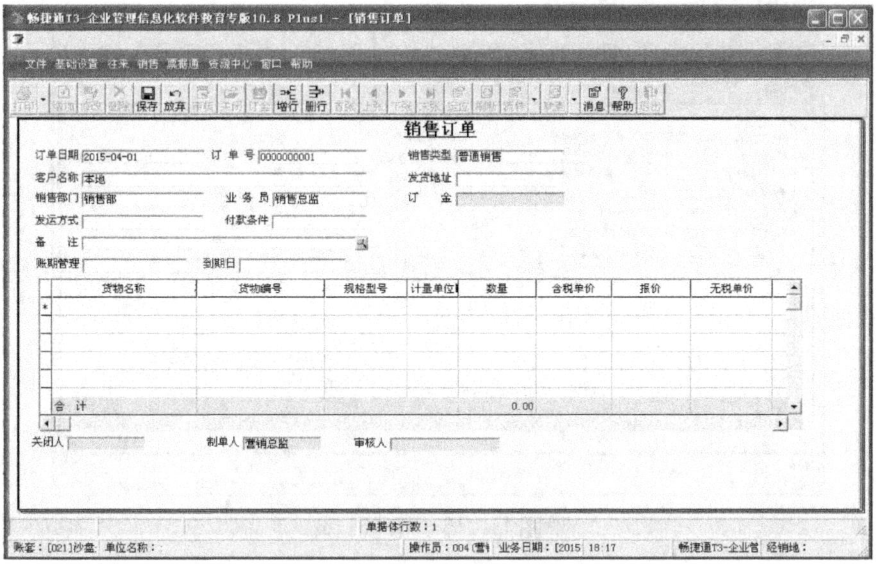

附图 B-24 输入订单头

6）单击【增行】按钮，输入订货内容直至全部输入完成，单击【保存】按钮，如附图 B-25 所示。

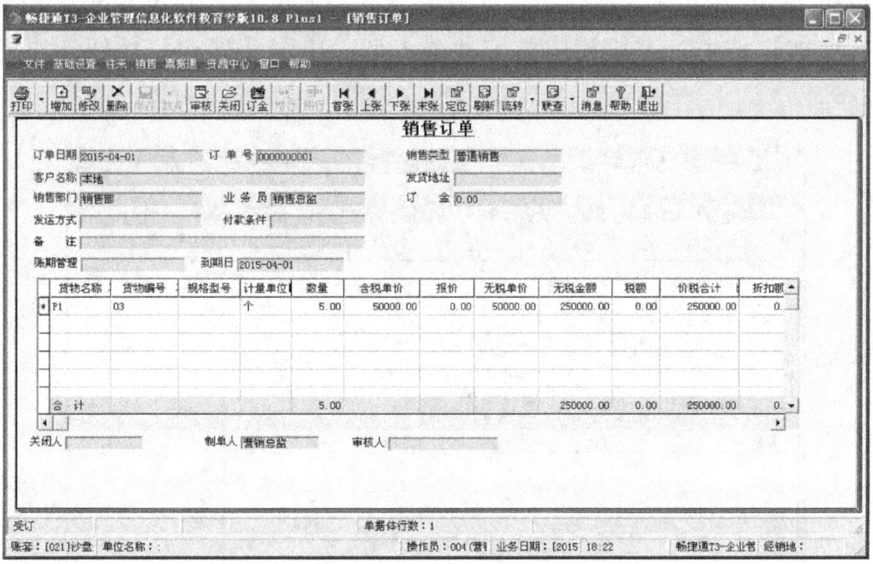

附图 B-25 增行

7）单击【审核】按钮，进行订单审核，如附图 B-26 所示。

将合适的人请上车，不合适的人请下车。

——[美]詹姆斯·柯林斯

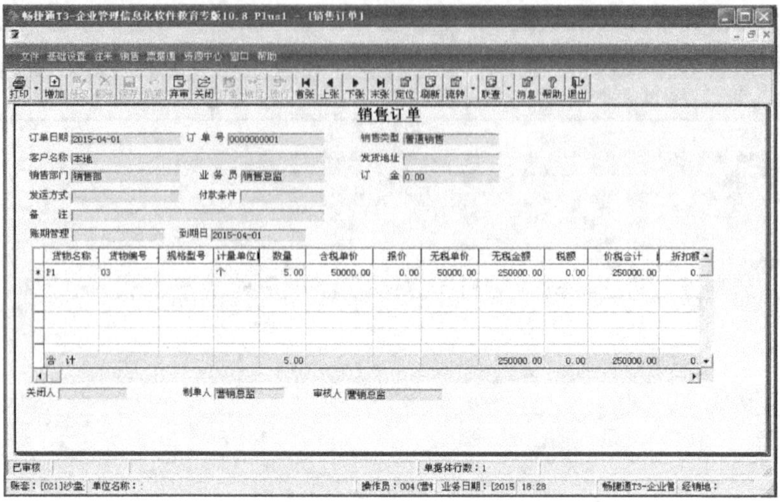

附图 B-26　审核订单

B. 3. 2　在销售系统进行应收账款收款结算处理

应收账款收款结算处理的操作步骤如下。

1）选择【销售】|【客户往来】|【收款结算】命令，输入客户名称后，单击工具栏上的【增加】按钮，完成相应内容的输入后，单击【保存】按钮，如附图 B-27 所示。

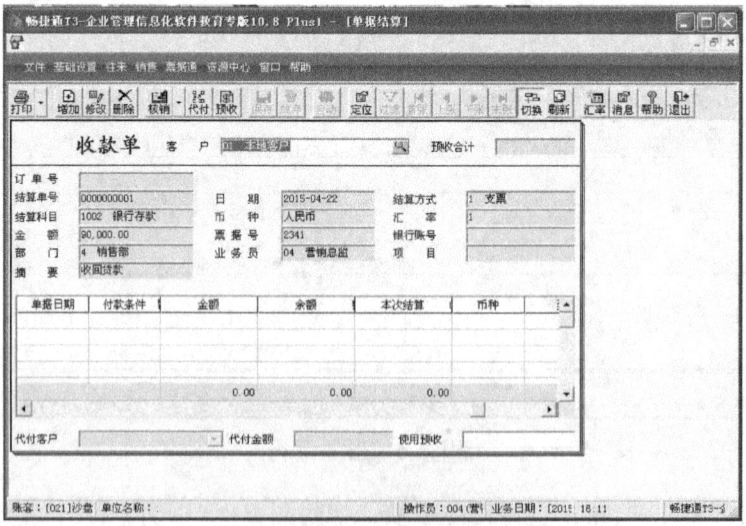

附图 B-27　收款结算

2）单击工具栏上的【核销】旁边的下拉按钮，选择【同币种核销】，输入本次结算金额，保存后退出本功能。

人才是利润最高的商品，能够经营好人才的企业才是最终的大赢家。
——柳传志

B. 3. 3 按订单交货，填制发货单、销售发票和销售出库单

填制发货单、销售发票和销售出库单的操作步骤如下。

1. 按订单交货，根据订单生成发货单

1）营销总监登录系统后，选择【销售】|【销售发货单】命令，系统显示一张空白的发货单，如附图 B-28 所示。

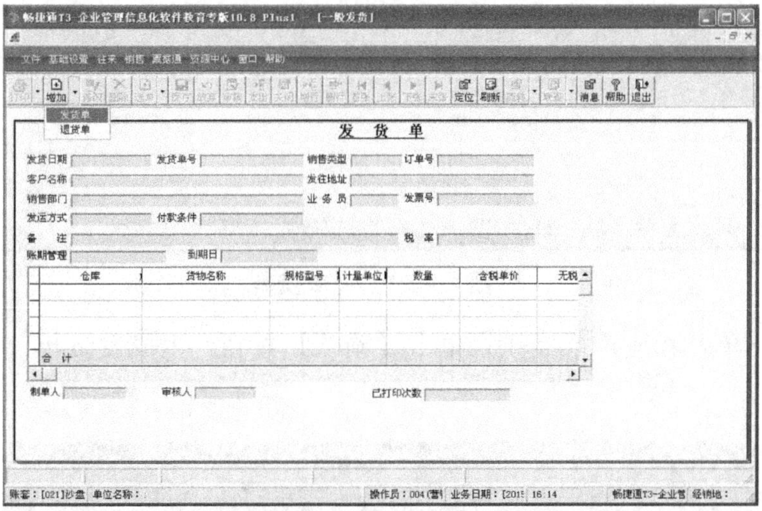

附图 B-28 发货单

2）单击工具栏上的【增加】按钮，进入【选择订单】对话框，如附图 B-29 所示。

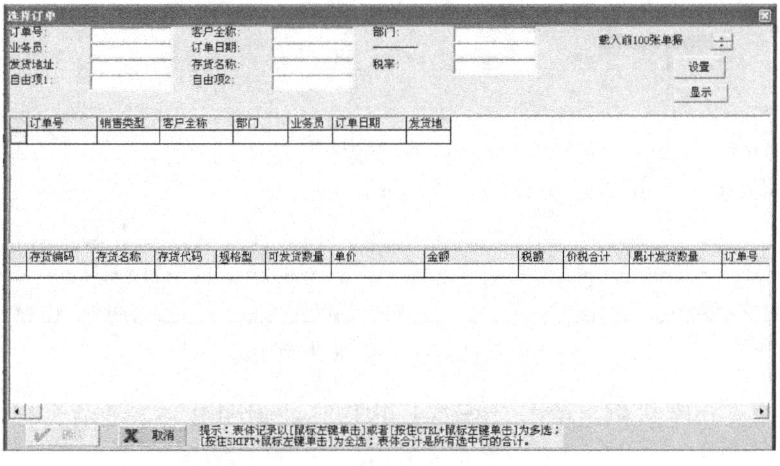

附图 B-29 【选择订单】对话框

质量是维护顾客忠诚的最好保证。

——［美］杰克·韦尔奇

3）输入订单基本资料后，单击【显示】按钮，系统显示相应的订单资料，如附图 B-30 所示。

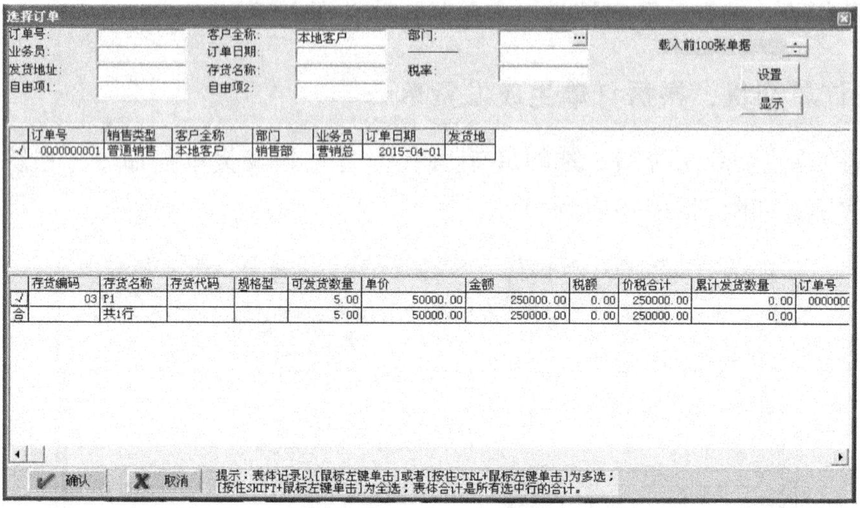

附图 B-30　订单资料

4）选择订单及相应产品类别，单击【确认】按钮，生成发货单，如附图 B-31 所示。

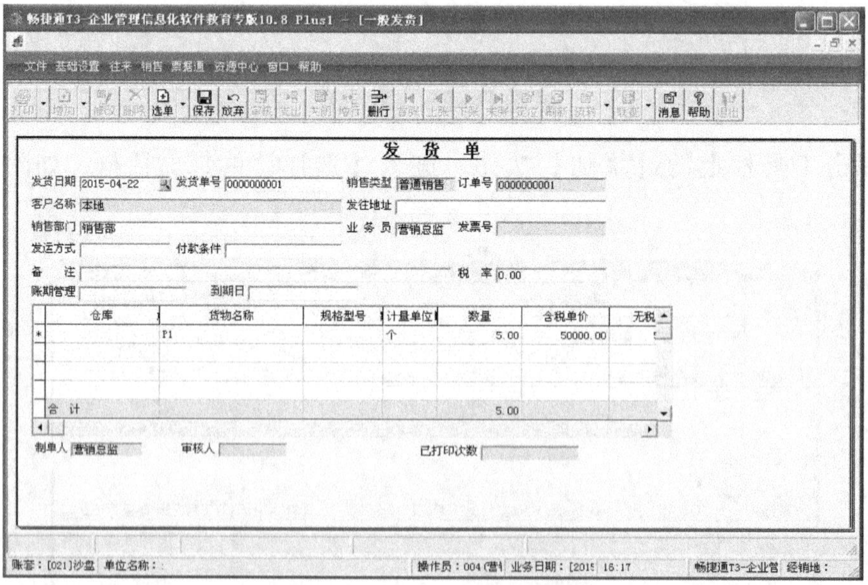

附图 B-31　生成发货单

5）选择输入仓库名称，单击【保存】按钮，如附图 B-32 所示。

全世界没一个质量差、光靠价格便宜的产品能够长久地存活下来。

——徐世明

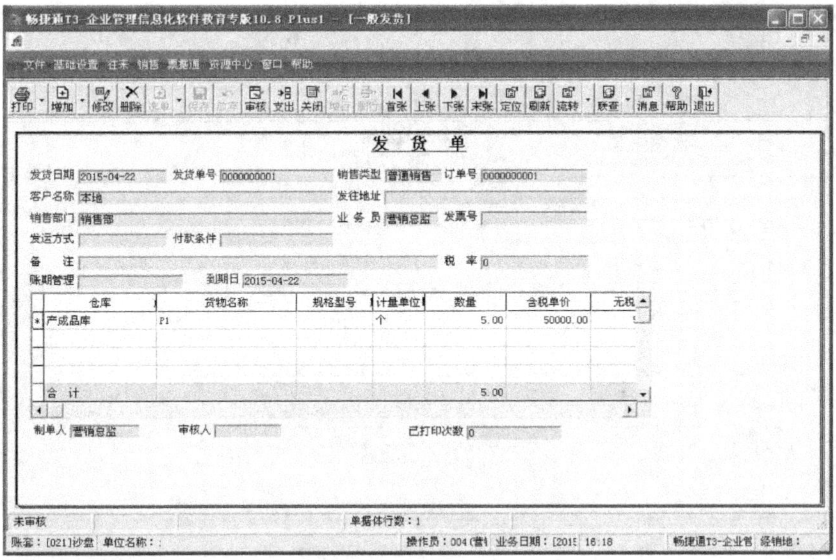

附图 B-32　保存发货单

6）单击工具栏上的【审核】按钮，审核签字。

2. 根据发货单填制销售发票

1）选择【销售】|【销售发票】命令，系统显示一张空白发票。单击工具栏上的【增加】按钮，选择发票类型，如附图 B-33 所示。

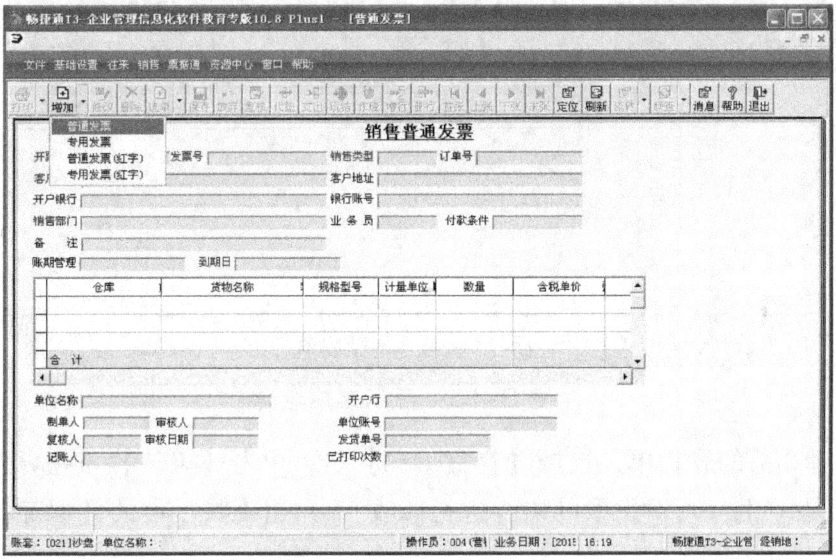

附图 B-33　选择发票类型

2）单击工具栏上的【选单】下拉按钮，选择【发货单】，如附图 B-34 所示。

质量等于利润。

——[美]汤姆·彼得斯

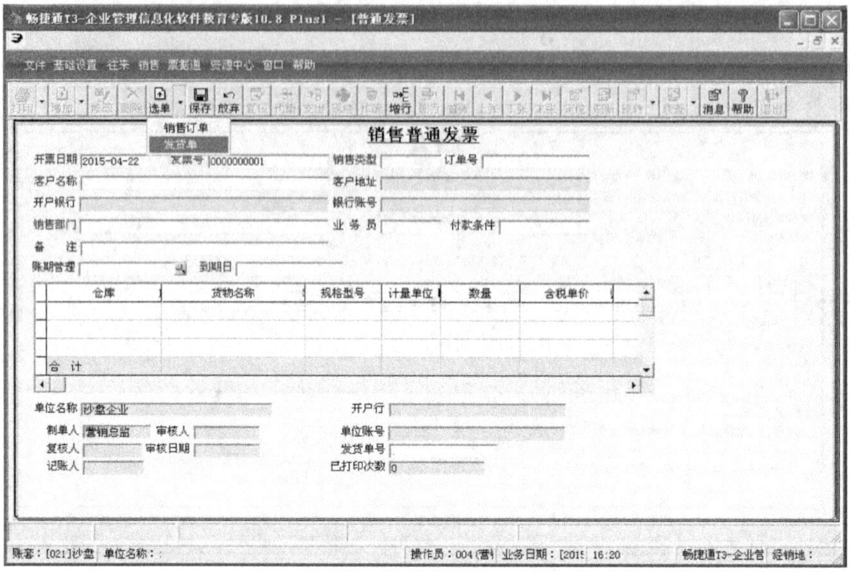

附图 B-34　选择【发货单】

3）在【客户名称】文本框中选择输入客户名称后，单击【显示】按钮，如附图 B-35 所示。

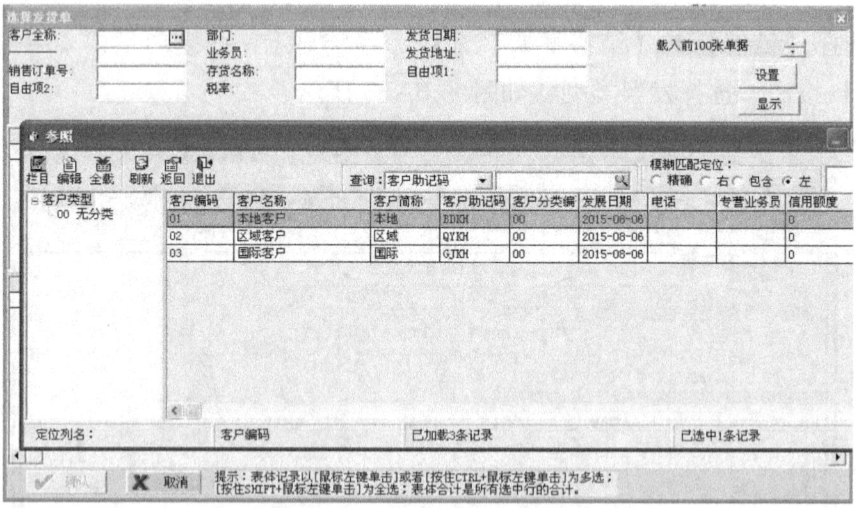

附图 B-35　显示客户名称

4）选择相关的发货单，选择【存货编码】行，单击【确认】按钮，发货单的内容被复制到发票上（可对发票的内容进行修改），单击工具栏上的【保存】按钮，保存本发票。

5）单击工具栏上的【复核】按钮，系统自动以当前操作员为审核员并在发票上签名，如附图 B-36 所示。

产品质量是生产出来的，不是检验出来的。

——[美] 威廉·戴明

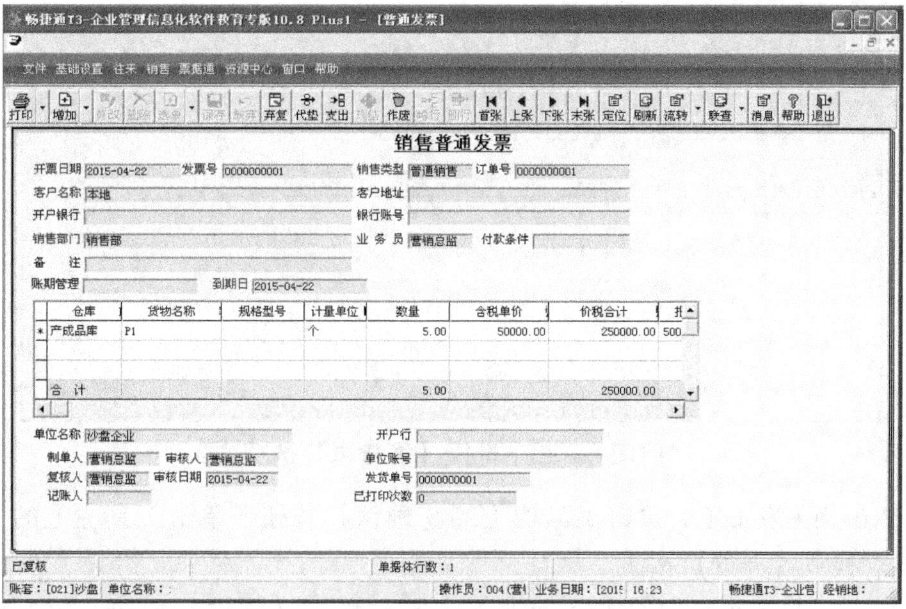

附图 B-36　复核发票

6）单击工具栏上的【退出】按钮，退出本功能。

3. 根据发货单生成销售出库单并审核

1）生产总监登录系统控制台。

2）选择【库存】|【销售出库单生成审核】命令，单击工具栏上的【生成】按钮，系统显示发货单参照窗口，如附图 B-37 所示。

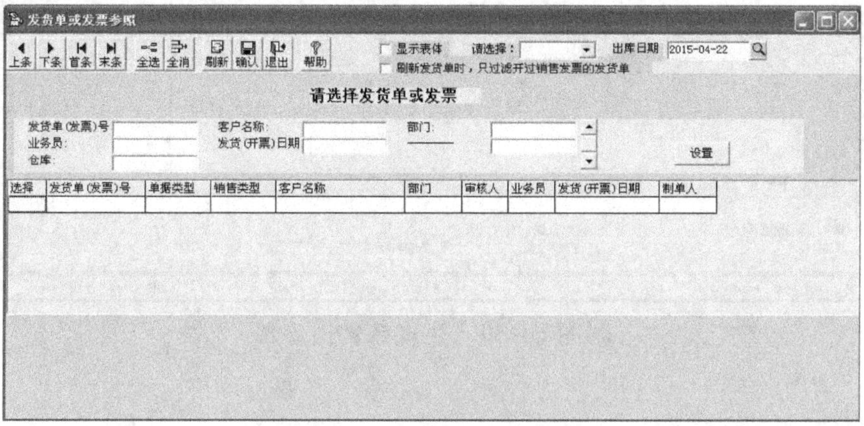

附图 B-37　发货单参照窗口

3）在“请选择”下拉列表中选择“发货单”选项，如附图 B-38 所示。

企业的成功靠团队，而不是靠个人。

——[美] 罗伯特·凯利

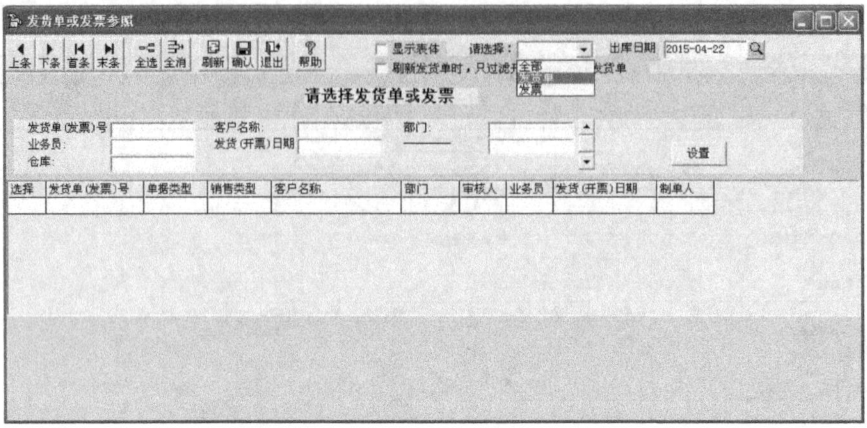

附图 B-38　选择【发货单】选项

4）双击相关发货单，单击工具栏上的【确认】按钮，单击工具栏上的【保存】按钮后会转换成【弃审】按钮。

5）单击工具栏上的【审核】按钮后，会转换成【弃审】按钮，如附图 B-39 所示。

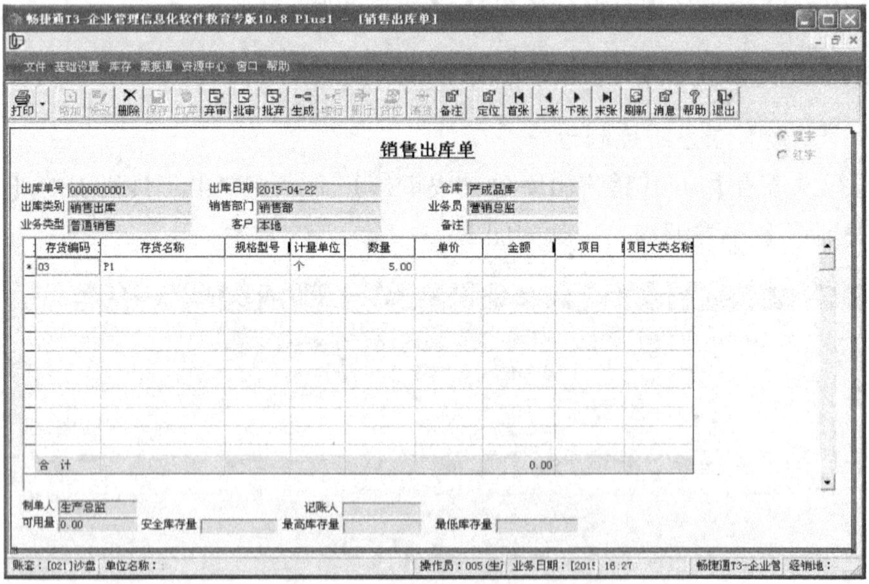

附图 B-39　生成销售出库单

B.4　采购系统

采购系统由采购总监负责操作，主要业务如附图 B-40 所示。

合作是一切团队繁荣的根本。
——[美] 大卫·史提尔

> ① 采购总监根据生产需要下原材料订单，并在采购系统填制采购订单。
>
> ② 采购总监根据上年度订单购买原材料，在采购系统中填制采购入库单和采购发票，并进行采购付款业务结算。
>
> ③ 月末，采购总监在采购系统进行采购结算。

采购总监（003）

附图 B-40 采购系统的操作业务

B. 4. 1 根据采购订单购买原材料，填制采购入库单、采购发票及进行货款结算

1. 在采购系统填制采购入库单

填制采购入库单的操作步骤如下。

1）采购总监登录系统控制台，如附图 B-41 所示。

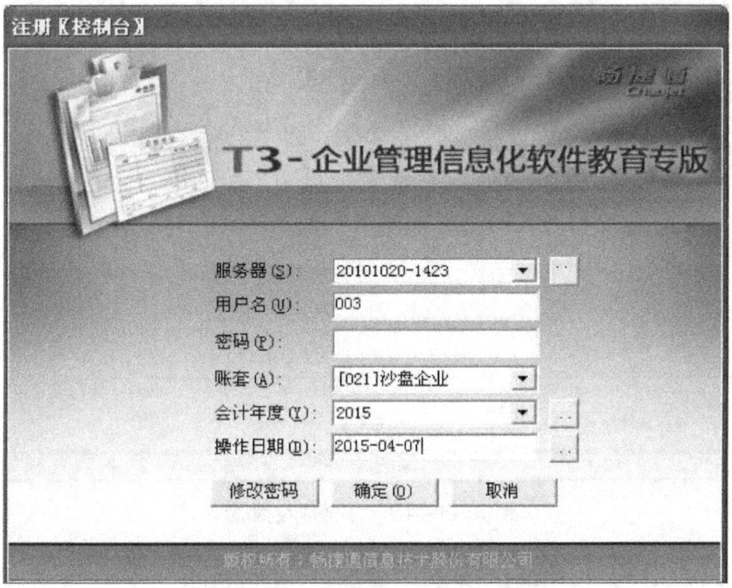

附图 B-41 登录系统控制台

2）选择【采购】|【采购入库单】命令，如附图 B-42 所示。

大成功靠团队，小成功靠个人。
——［美］比尔·盖茨

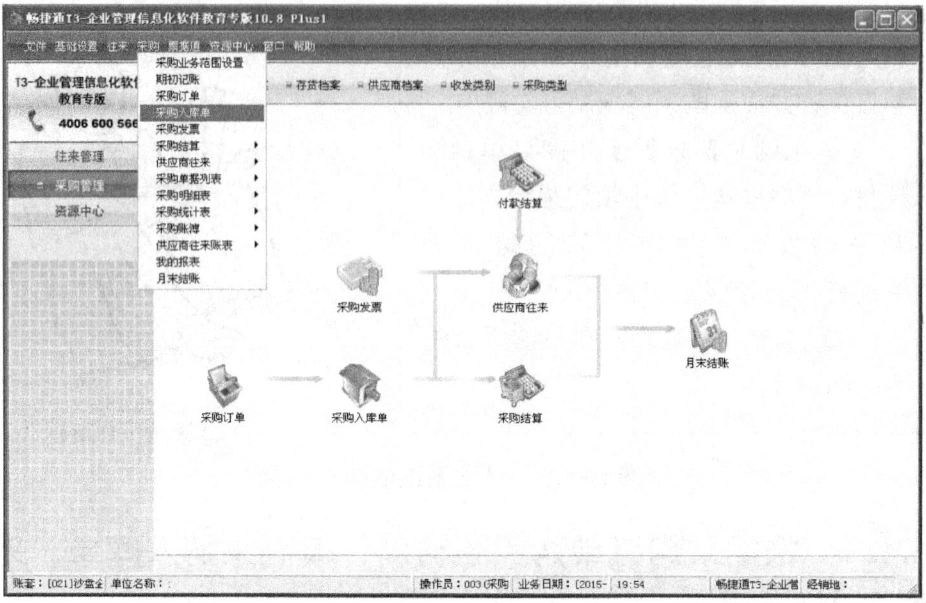

附图 B-42　选择【采购入库单】命令

3）屏幕显示采购入库单格式，如附图 B-43 所示。

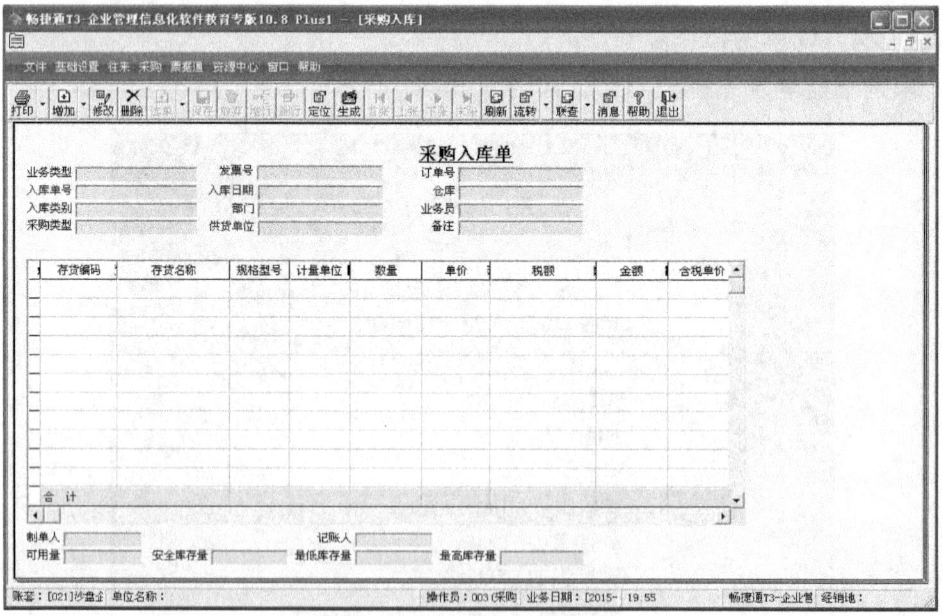

附图 B-43　采购入库单

4）单击工具栏上的【增加】按钮，增加一张采购入库单。输入入库单表头各项内容，如仓库、采购类型、入库类别等，如附图 B-44 所示。

不创新，就灭亡。

——[美]亨利·福特

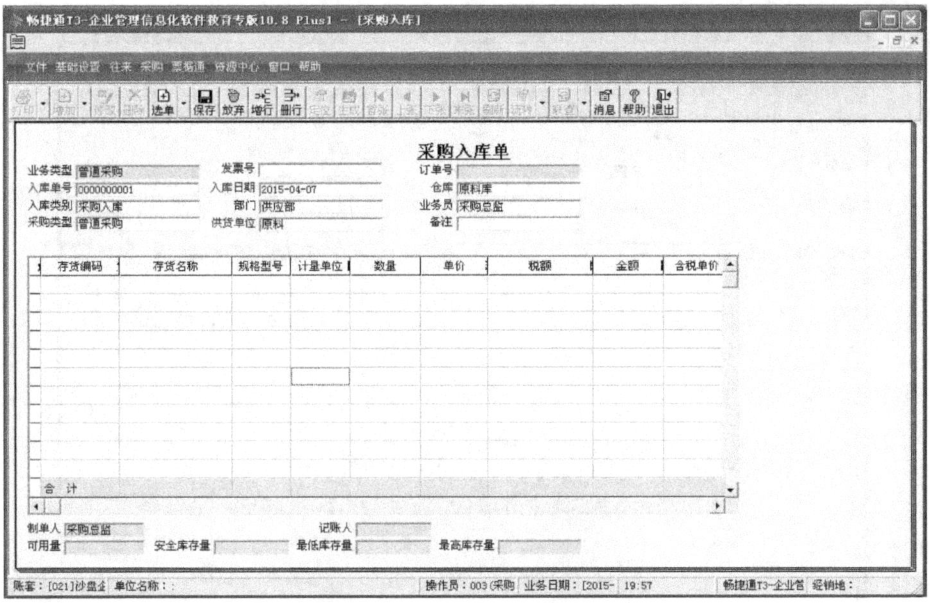

附图 B-44 输入入库单表头

5）单击【选单】下拉按钮，选择【采购订单】选项，如附图 B-45 所示。

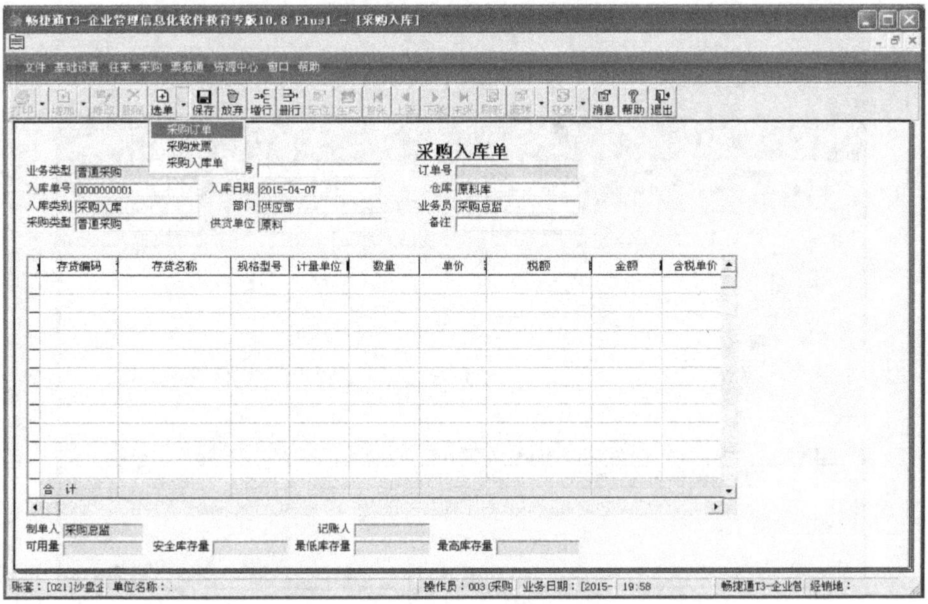

附图 B-45 选择【采购订单】选项

6）在【订单列表】对话框中，单击【过滤】按钮，过滤单据，如附图 B-46 所示。

可持续竞争的唯一优势来自于超过竞争对手的创新能力。

——[美] 詹姆斯·莫尔斯

顾客是重要的创新来源。
——[美]汤姆·彼得斯

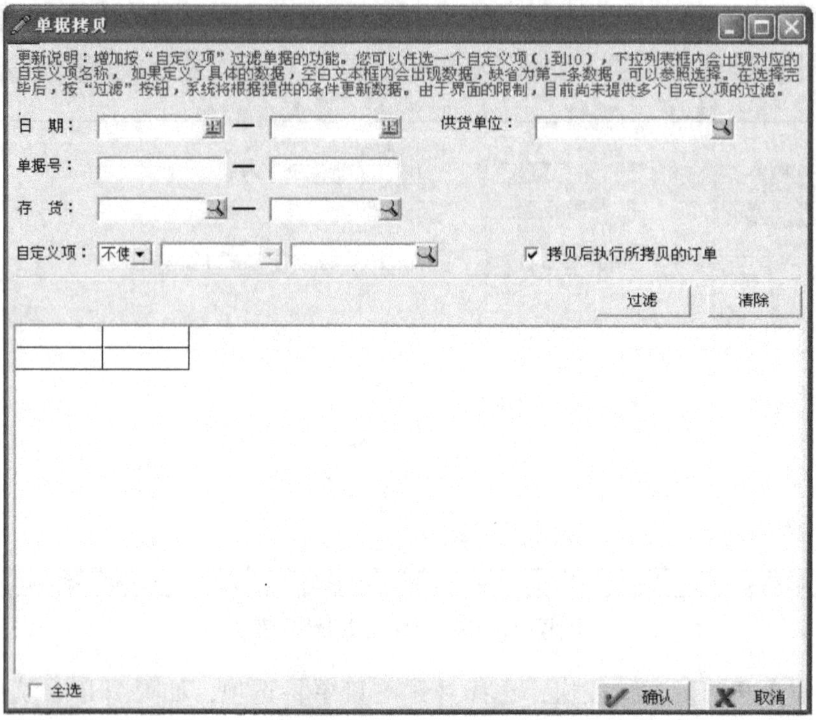

附图 B-46 过滤单据

7）双击订单列表中的某个订单，单击【确认】按钮，如附图 B-47 所示。

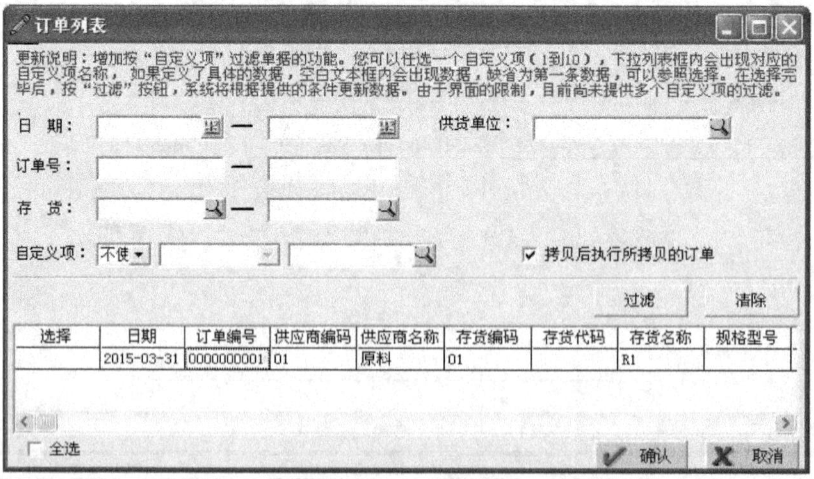

附图 B-47 选择订单

8）系统自动把该订单的有关信息填入入库单中，修改实际入库数量、单价，如附图 B-48 所示。

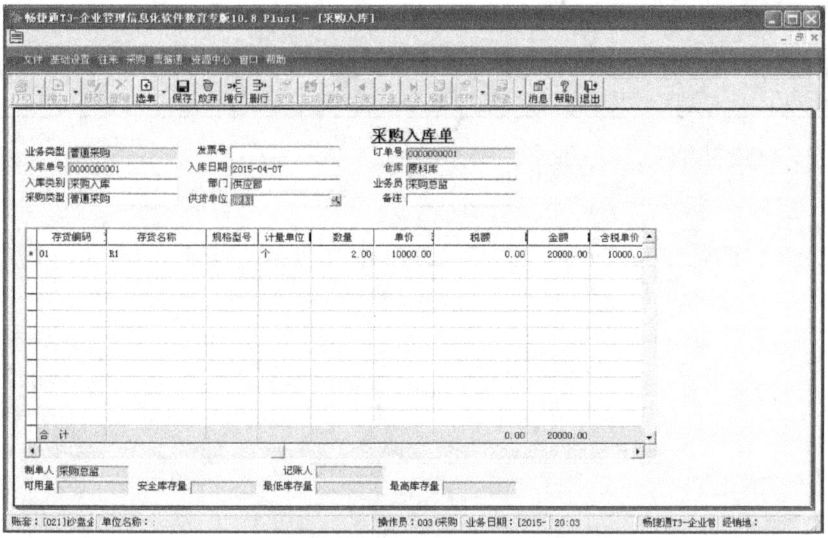

附图 B-48 修改入库单

9）单据输入正确后，单击工具栏上的【保存】按钮，保存当前输入的入库单，如附图 B-49 所示。

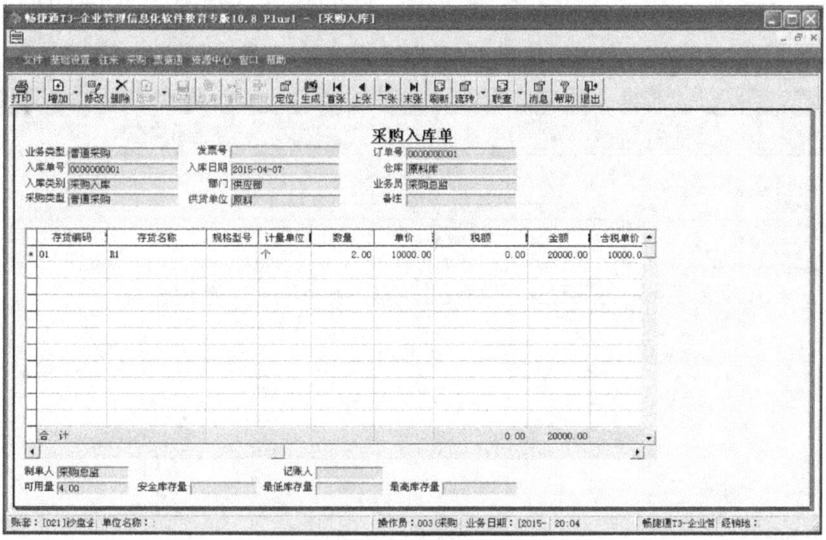

附图 B-49 保存入库单

2. 在采购系统填制采购发票

填制采购发票的操作步骤如下。

1）选择【采购】|【采购发票】命令，屏幕显示采购发票格式，如附图 B-50 所示。

创新就是创造一种资源。
——[美] 彼得·德鲁克

管理就是沟通，沟通，再沟通。

——［美］杰克·韦尔奇

附图 B-50　采购发票

2）单击工具栏上的【增加】按钮，增加一张采购发票。输入发票表头各项内容，如发票类型、发票号、开票日期、采购类型、订单号等，如附图 B-51 所示。

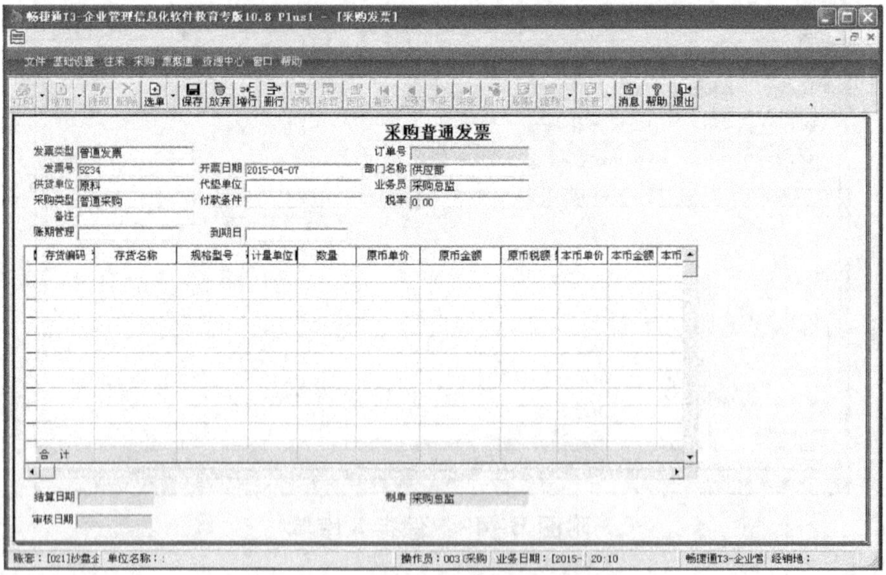

附图 B-51　输入采购发票表头

3）单击【选单】下拉按钮，选择【采购入库单】选项，如附图 B-52 所示。

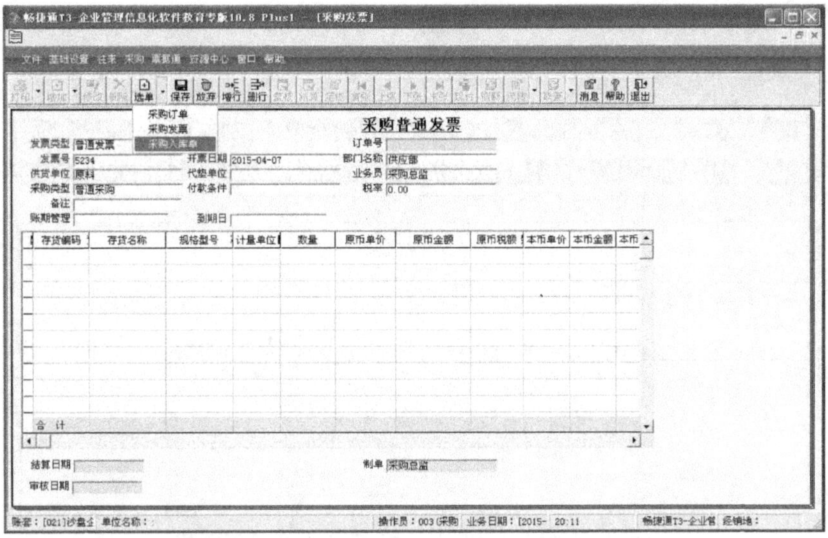

附图 B-52　选择【采购入库单】选项

4）在【订单列表】对话框中，单击【过滤】按钮，过滤单据，如附图 B-53 所示。

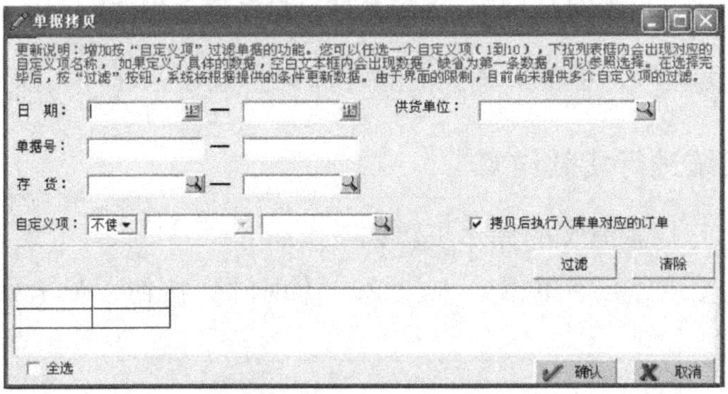

附图 B-53　过滤单据

5）系统列出所有入库单，如附图 B-54 所示。

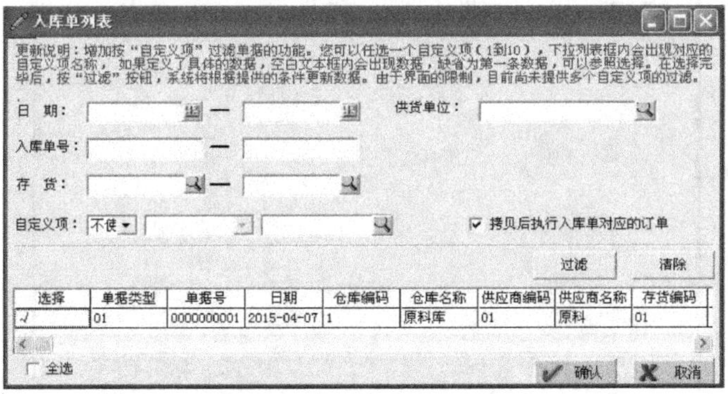

附图 B-54　显示入库单

沟通是管理的浓缩。

——[美] 萨姆·沃尔顿

6）选择生成发票的相关入库单，单击【确认】按钮，系统自动把入库单的有关信息汇总填入发票中，如附图B-55所示。

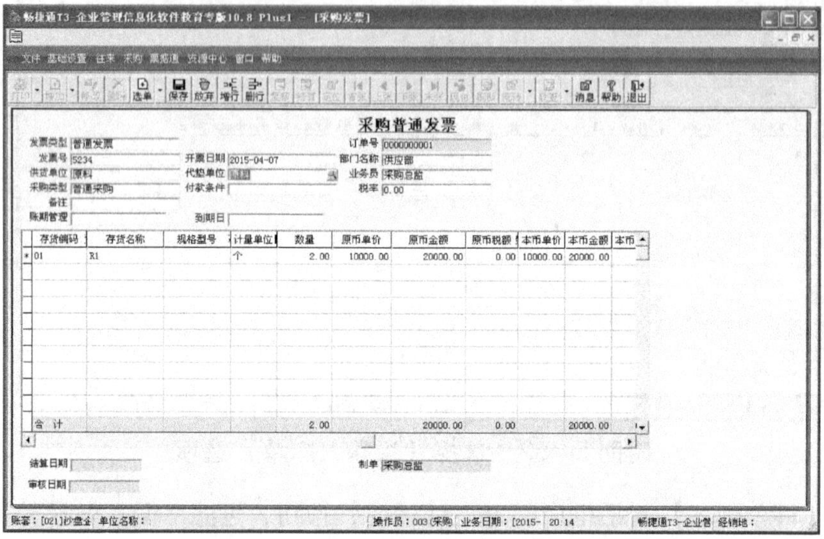

附图B-55　入库单信息自动填入发票

7）单据修改正确后，单击工具栏上的【保存】按钮，保存当前输入的发票。

3. 在采购系统进行货款结算

在采购系统进行货款结算的操作步骤如下。

1）在采购发票（含红字单据）中，单击【现付】按钮，弹出如附图B-56所示的对话框。

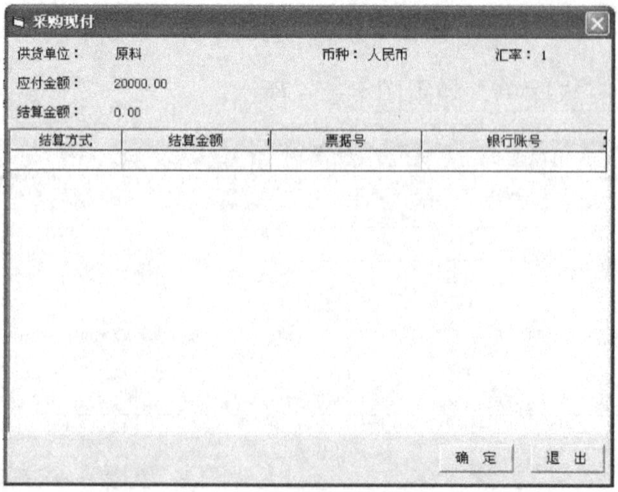

附图B-56　【采购现付】对话框

管理者的最基本能力：有效沟通。

——［美］L. 威尔德

2）输入结算方式和结算金额，单击【确定】按钮即完成现付款的录入，返回调用现收款的单据窗口。

3）单击工具栏上的【复核】按钮，进行发票的复核，如附图 B-57 所示。

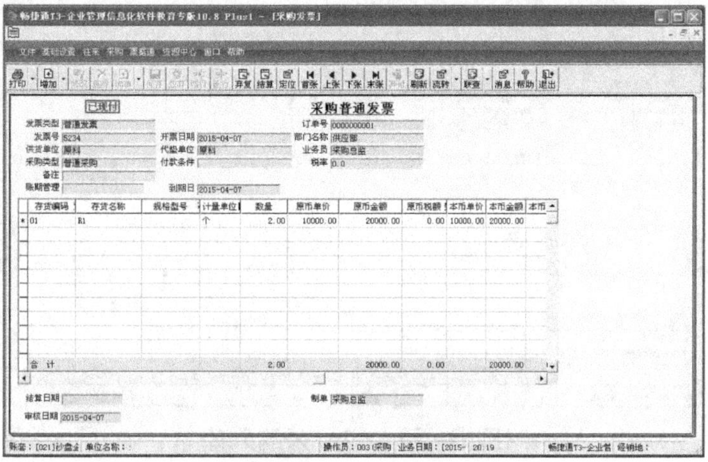

附图 B-57　复核发票

4）单击【退出】按钮，退出采购发票处理功能。

4. 在库存系统进行采购入库单确认

确认采购入库单的操作步骤如下。

1）生产总监登录系统控制台。

2）选择【库存】|【采购入库单审核】命令，打开采购入库单，如附图 B-58 所示。

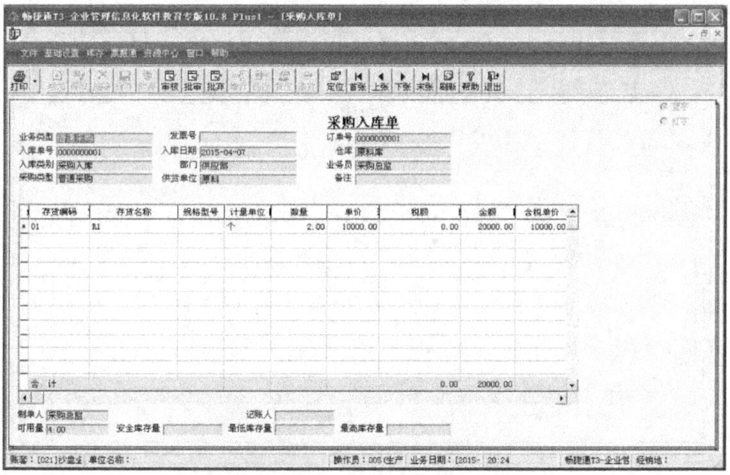

附图 B-58　打开采购入库单

不善于倾听不同的声音，是管理者最大的疏忽。

——［美］玛丽·凯

3）单击工具栏上的【上张】、【下张】、【首张】、【末张】按钮，查找需复制的采购入库单，单击工具栏上的【审核】按钮后，会转换成【弃审】按钮，如附图 B-59 所示。

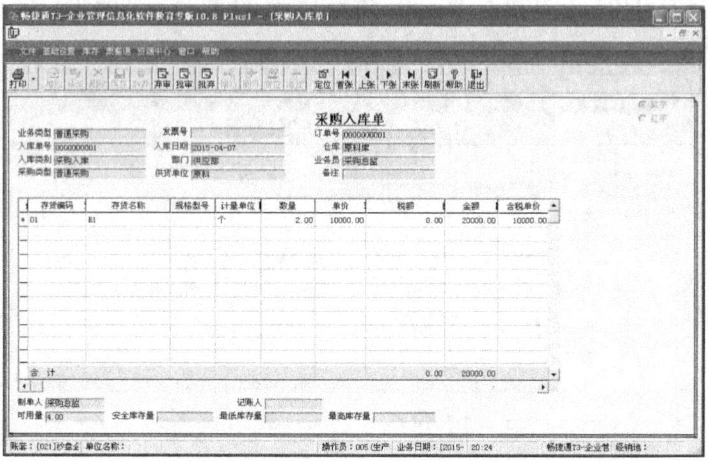

附图 B-59　审核采购入库单

4）退出本功能，返回主界面。

B. 4. 2　根据生产需要下原料订单，并在采购系统填制采购订单

填制采购订单的操作步骤如下。

1）选择【采购】|【采购订单】命令，进入采购订单格式界面，系统显示出上一订单内容。

2）单击工具栏上的【增加】按钮，增加一张采购订单。输入采购订单表头各项内容，如附图 B-60 所示。

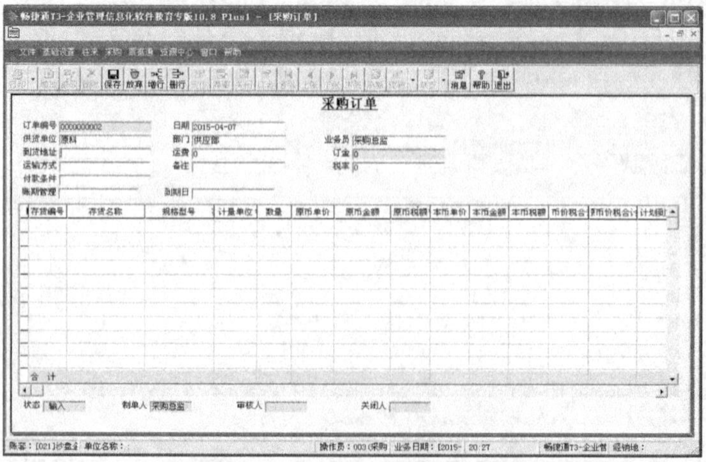

附图 B-60　输入采购订单表头

企业管理过去是沟通，现在是沟通，未来还是沟通。

——［日］松下幸之助

3）单击工具栏上的【增行】按钮，在表体部分增加一空白行，并输入采购订单表体各项内容，如货物编号、数量、单价、金额等后，单击【保存】按钮，如附图 B-61 所示。

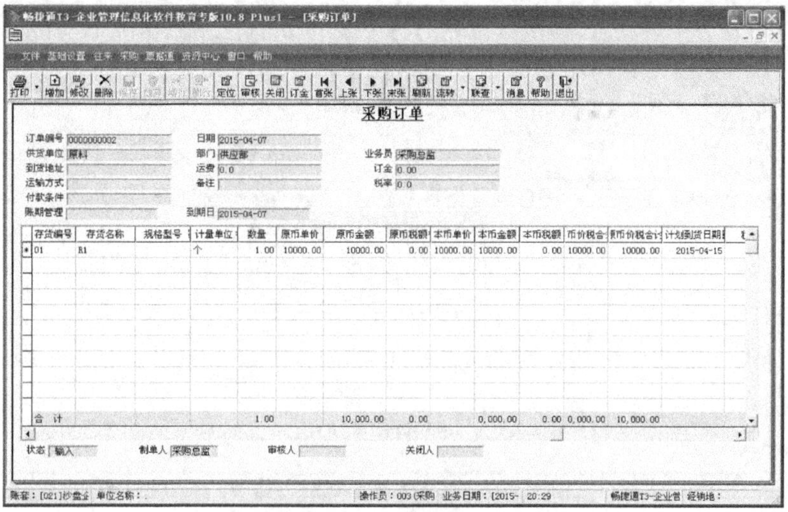

附图 B-61　输入采购订单表体

4）单击工具栏上的【审核】按钮，系统在【审核人】处自动签名，然后单击【退出】按钮退出本功能。

B. 4. 3　月末，采购总监在采购系统进行采购结算

采购结算的操作步骤如下。

1）打开采购发票功能，选择需要进行采购结算的发票后，单击工具栏上的【结算】按钮，屏幕显示【自动结算】对话框，如附图 B-62 所示。

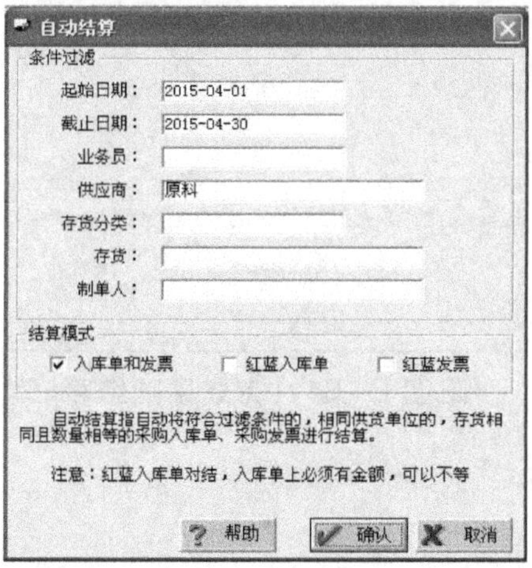

附图 B-62　【自动结算】对话框

管理就是决策。

——［美］赫伯特·西蒙

正确的决策来自众人的智慧。

——［美］T. 戴伊

2）单击【确认】按钮，系统自动进行结算，如附图 B-63 所示。

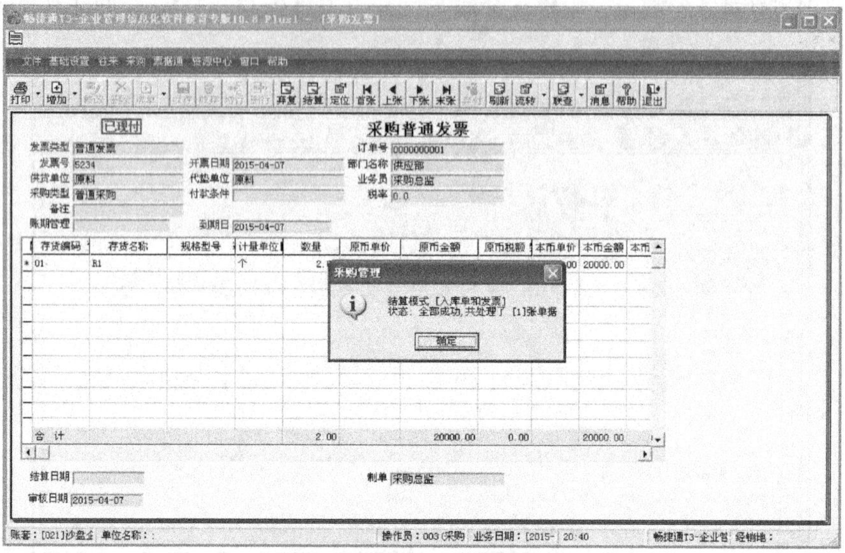

附图 B-63　自动结算

3）单击【确定】按钮，系统在采购发票左上角显示“已结算”，完成采购结算，如附图 B-64 所示。

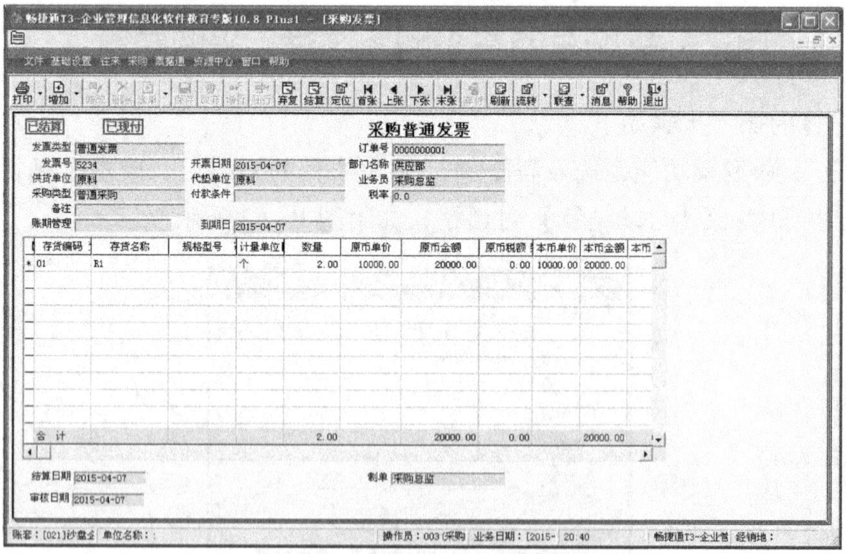

附图 B-64　完成采购结算

4）退出采购发票界面。

B. 5　库存系统

库存系统由生产总监负责操作，主要业务如附图 B-65 所示。

① 产品完工入库，生产总监负责在库存系统中填写产成品入库单，并把产品送交产成品库。

② 开始下一批生产：上线一个 P1 产品（生产领料），生产总监负责领料工作，并在库存系统填制材料出库单。

生产总监（005）

附图 B-65　库存系统的操作业务

B. 5. 1　在库存系统增加产成品入库单并审核

增加入库单的操作步骤如下。

1）生产总监登录系统。

2）选择【库存】|【产成品入库单】命令，显示产成品入库单。

3）单击工具栏上的【增加】按钮，系统自动新增一张空白的产成品入库单，输入入库单表头各项内容，如附图 B-66 所示。

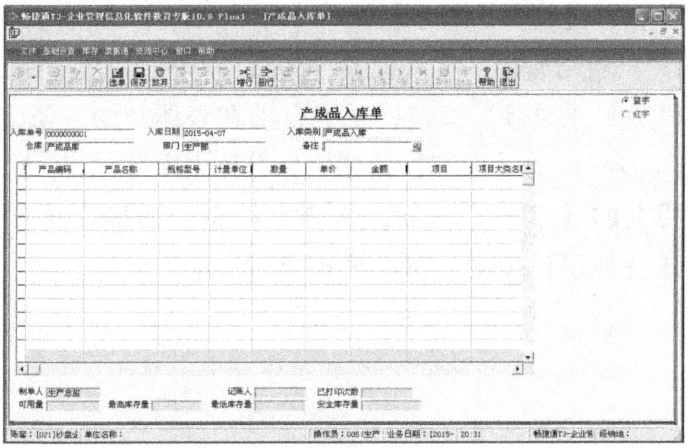

附图 B-66　输入入库单表头

在没出现不同意见之前，不做出任何决策。

——［美］艾尔弗雷德·P. 斯隆

4）单击工具栏上的【增行】按钮，系统自动在表体新增一条空白记录，输入表体各项内容后，单击【保存】按钮。

5）单击工具栏上的【审核】按钮后，会转换成【弃审】按钮，系统自动将当前操作员作为审核人，如附图 B-67 所示。

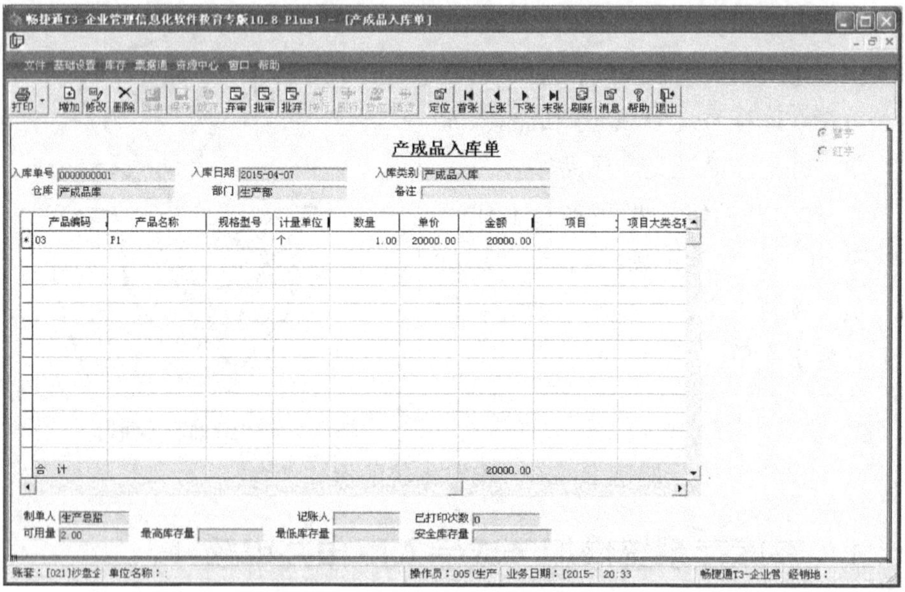

附图 B-67　审核产成品入库单

6）单击【退出】按钮，退出本功能。

B. 5. 2　在库存系统填制材料出库单并审核

填制材料出库单的操作步骤如下。

1）选择【库存】|【材料出库单】命令，单击工具栏上的【增加】按钮，系统自动新增一张空白的材料出库单，输入仓库、部门、出库类别等表头内容。

2）单击工具栏上的【增行】按钮，系统自动在表体新增一条空白记录，输入表体各项内容，单击工具栏上的【保存】按钮，保存该出库单。

3）单击工具栏上的【审核】按钮，系统自动将当前操作员作为审核人，并把【审核】按钮转换成【弃审】按钮，如附图 B-68 所示。

不要把所有的鸡蛋放在同一个篮子里。
——[美] 詹姆斯·托宾

附图 B-68 审核材料出库单

B.6 固定资产系统

固定资产系统由会计员负责操作，主要业务包括：

① 为购买机器设备进行资产增加操作并生成记账凭证。

② 为出售机器设备进行资产减少操作并生成记账凭证。

③ 对机器设备进行计提折旧操作并生成记账凭证。

B.6.1 资产增加

资产增加的操作步骤如下。

1）会计员登录固定资产系统。

2）选择【固定资产】｜【卡片】｜【资产增加】命令，显示资产类别参照，如附图 B-69 和附图 B-70 所示。

管理层次越少越好。

[美] 本·比德维尔

管得少，就是管得好。

——[美] 杰克·韦尔奇

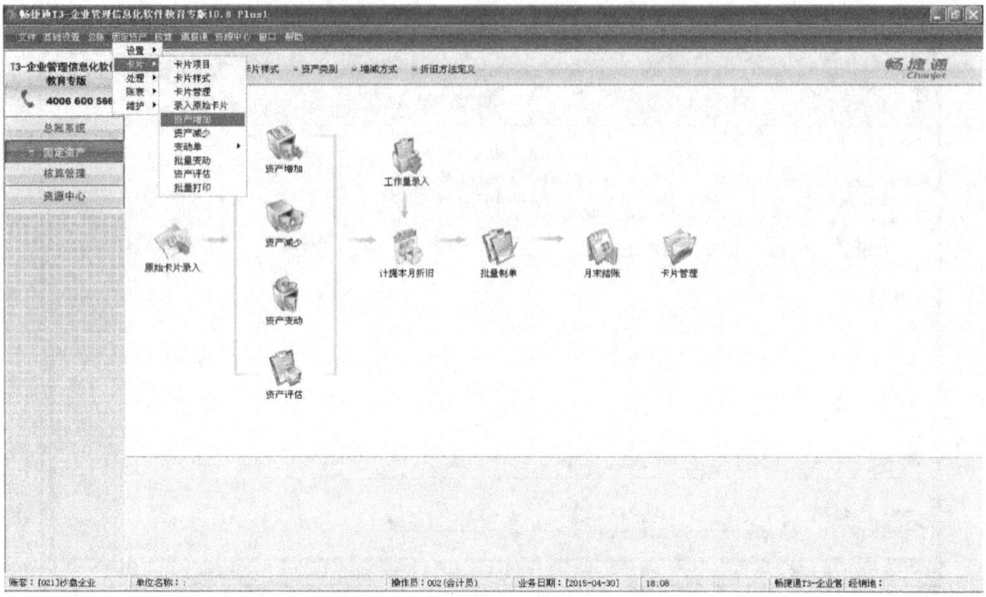

附图 B-69　选择【资产增加】

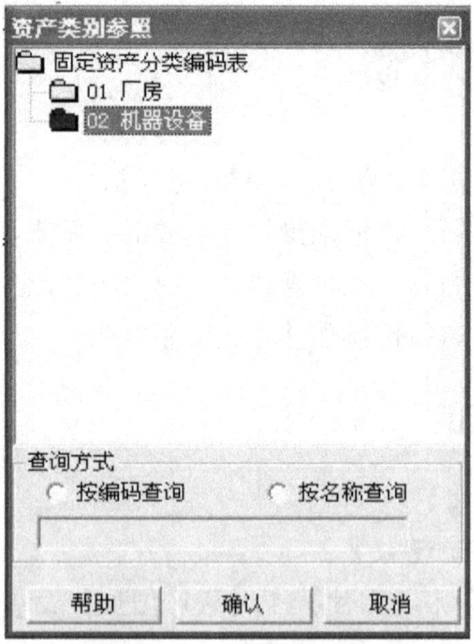

附图 B-70　资产类别参照

3）选择【机器设备】，并单击【确认】按钮，显示固定资产卡片，如附图 B－71 所示。

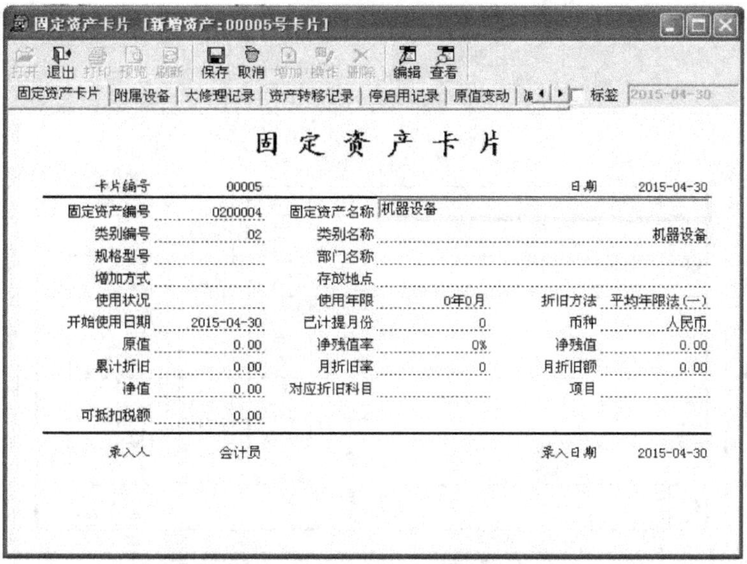

附图 B－71　固定资产卡片

4）输入卡片内容，并单击【保存】按钮，系统自动弹出记账凭证，如附图 B－72 和附图 B－73 所示。

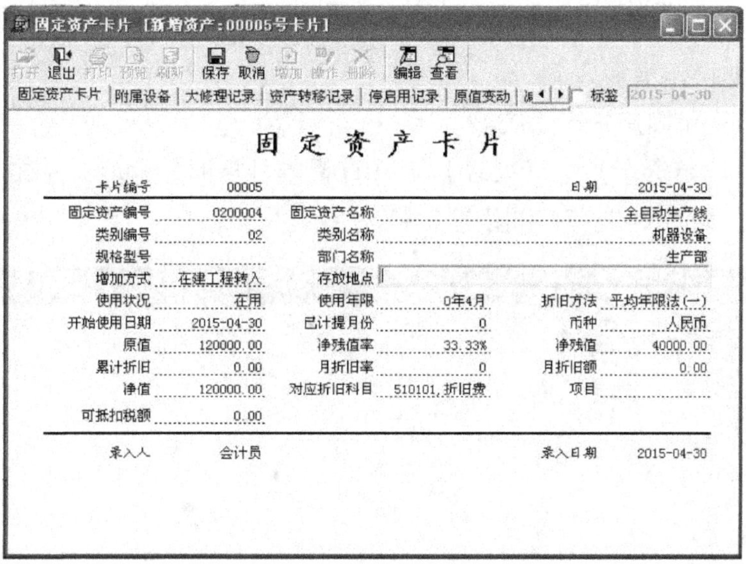

附图 B－72　输入卡片内容

管理就是做好无数小的细节工作。——林正大

管理者的最基本能力：有效沟通。
——[英]威尔德

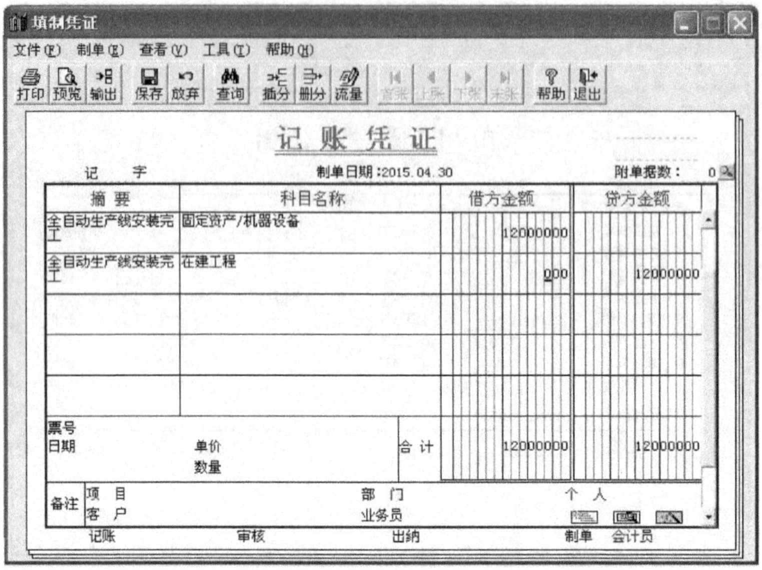

附图 B-73　记账凭证

5）保存记账凭证，并退出。

B.6.2　计提折旧

计提折旧的操作步骤如下。

1）会计员登录固定资产系统。

2）选择【固定资产】|【处理】|【计提本月折旧】命令，单击【是】按钮并查看折旧清单，如附图 B－74 和附图 B－75 所示。

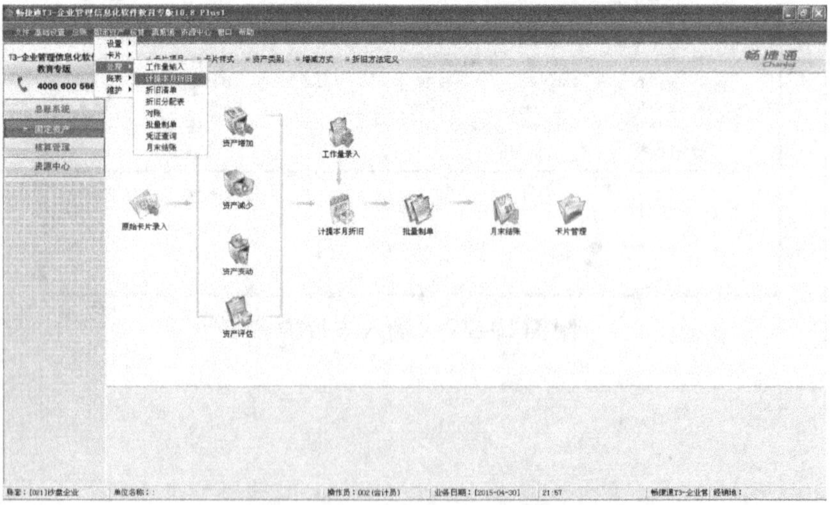

附图 B-74　选择【计提本月折旧】

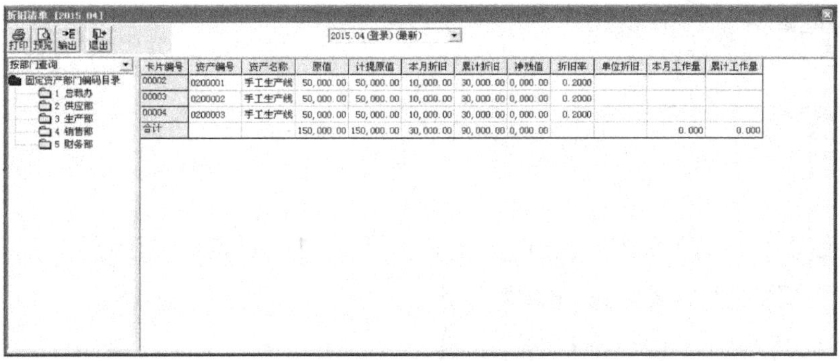

附图 B-75　折旧清单

3）退出折旧清单功能后，系统弹出【折旧分配表】对话框，单击【凭证】按钮，系统自动生成记账凭证，如附图 B－76 和附图 B－77 所示。

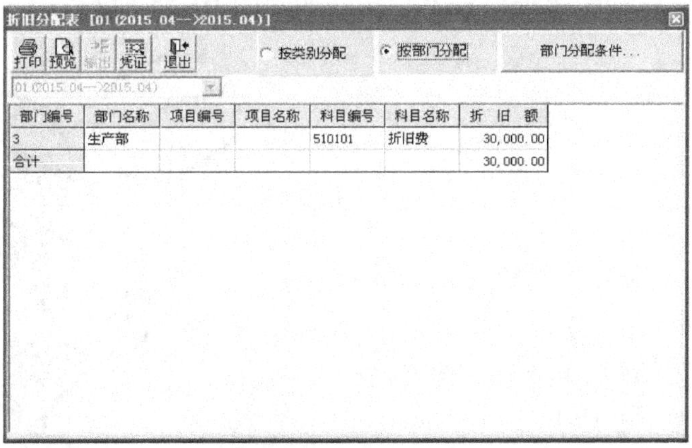

附图 B-76　折旧分配表

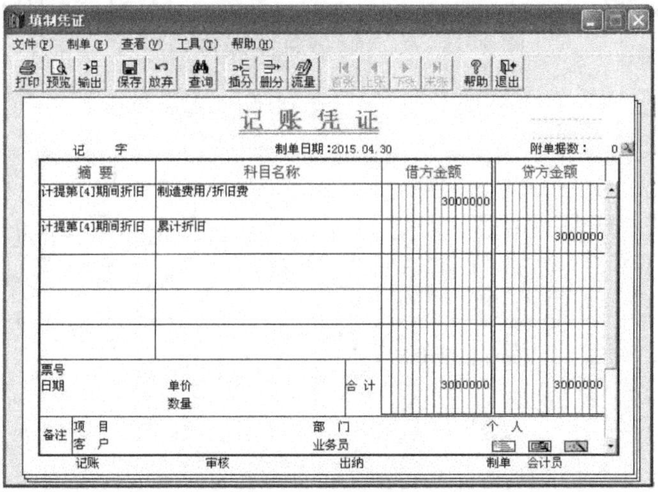

附图 B-77　记账凭证

一味地增加员工、扩充门面，而不改善编制，好景是维持不了多久的。
——［日］松下幸之助

4）保存记账凭证，并退出。

B.7 结账

是员工养活了公司。——李嘉诚

月末结账操作由相关责任人对自己负责的系统进行结账，顺序如下。

1）采购总监对采购系统进行月末结账。

2）营销总监对销售系统进行月末结账。

3）生产总监对库存系统进行月末结账。

4）会计员对核算系统进行期末处理及月末结账。

5）会计员对固定资产系统进行月末结账。

6）财务总监对总账系统进行月末结账，如附图 B-78 所示。

① 在总账系统对记账凭证进行审核、记账。

② 编制本年度“利润表”和“资产负债表”。

财务总监（001）

附图 B-78　财务总监操作内容

附录 C　运行记录表

教学年运行记录(1.1)

企业名称：　　　　　　　　　　　　　　　　　　　　职务：CEO

序号	请按顺序执行下列各项操作	每执行完一项操作，CEO请在相应的方格内打钩			
		一季度	二季度	三季度	四季度
年初	参加订货会/支付广告费/登记销售订单				
	制订新年度计划				
	支付应付税				
1	季初现金盘点（请填余额）				
2	更新贷款/还本付息				
3	申请贷款				
4	购买订购的原材料并入库				
5	下原材料订单				
6	更新生产/完工入库				
7	购买新生产线/生产线到位				
8	开始下一批生产				
9	更新应收款/应收款收现				
10	按订单交货				
11	产品研发投资				
12	支付行政管理费				
13	其他现金收支情况登记				
14	现金收入合计				
15	现金支出合计				
16	期末现金对账（请填余额）				
年末	支付设备维护费				
	计提折旧				
	新市场开拓				
	结账				

一次良好的撤退，应和一次伟大的胜利一样受到奖赏。

——［瑞士］菲米尼

教学年运行记录（1.2）

企业名称：　　　　　　　　　　　　　　　　　　　　　　　　　　职务：财务总监

序号	请按顺序执行下列各项操作	每执行完一项操作，财务总监请在方格中填写现金收支情况			
		一季度	二季度	三季度	四季度
年初	参加订货会/支付广告费/登记销售订单				
	制订新年度计划				
	支付应付税				
1	季初现金盘点（请填余额）				
2	更新贷款/还本付息				
3	申请贷款				
4	购买订购的原材料并入库				
5	下原材料订单				
6	更新生产/完工入库				
7	购买新生产线/生产线到位				
8	开始下一批生产				
9	更新应收款/应收款收现				
10	按订单交货				
11	产品研发投资				
12	支付行政管理费				
13	其他现金收支情况登记				
14	现金收入合计				
15	现金支出合计				
16	期末现金对账（请填余额）				
年末	支付设备维护费				
	计提折旧				（　）
	新市场开拓				
	结账				

抓住时机并快速决策是现代企业成功的关键。

——［美］艾森哈特

教学年运行记录（2.1）

企业名称：　　　　　　　　　　　　　　　　　　　　　　　　　　　职务：采购总监

本表格用于运行过程中记录各生产要素数量变化的台账，采购总监记录原材料库存数量（R1/R2）的增减，下原材料订单登记数量但不构成原材料库存数量的增减。

注：执行步骤按照任务清单的顺序号进行。

操作顺序	生产要素 / 任务清单	一季度		二季度		三季度		四季度	
		R1	R2	R1	R2	R1	R2	R1	R2
1	季初原材料盘点数量								
2	更新贷款/还本付息								
3	申请贷款								
4	购买订购的原材料并入库								
5	下原材料订单	（ ）	（ ）	（ ）	（ ）	（ ）	（ ）	（ ）	（ ）
6	更新生产/完工入库								
7	购买新生产线/生产线到位								
8	开始下一批生产								
9	更新应收款/应收款收现								
10	按订单交货								
11	产品研发投资								
12	支付行政管理费								
13	其他现金收支情况登记								
14	本季原材料入库合计								
15	本季原材料出库合计								
16	季末原材料库存数量								

绝不能在没有选择的情况下，做出重大决策。

——［美］李·艾柯卡

教学年运行记录（2.2）

企业名称：　　　　　　　　　　　　　　　　　　　　　　　　职务：生产总监

<table>
<tr><td rowspan="3">操作顺序</td><td colspan="9">本表格用于运行过程中记录各生产要素数量变化的台账，生产总监记录生产线上在制品数量（P1/P2）的增减。
注：执行步骤按照任务清单的顺序号进行。</td></tr>
<tr><td rowspan="2">生产要素
任务清单</td><td colspan="2">一季度</td><td colspan="2">二季度</td><td colspan="2">三季度</td><td colspan="2">四季度</td></tr>
<tr><td>P1</td><td>P2</td><td>P1</td><td>P2</td><td>P1</td><td>P2</td><td>P1</td><td>P2</td></tr>
<tr><td>1</td><td>季初在制品盘点数量</td><td></td><td></td><td></td><td></td><td></td><td></td><td></td><td></td></tr>
<tr><td>2</td><td>更新贷款/还本付息</td><td></td><td></td><td></td><td></td><td></td><td></td><td></td><td></td></tr>
<tr><td>3</td><td>申请贷款</td><td></td><td></td><td></td><td></td><td></td><td></td><td></td><td></td></tr>
<tr><td>4</td><td>购买订购的原材料并入库</td><td></td><td></td><td></td><td></td><td></td><td></td><td></td><td></td></tr>
<tr><td>5</td><td>下原材料订单</td><td></td><td></td><td></td><td></td><td></td><td></td><td></td><td></td></tr>
<tr><td>6</td><td>更新生产/完工入库</td><td></td><td></td><td></td><td></td><td></td><td></td><td></td><td></td></tr>
<tr><td>7</td><td>购买新生产线/生产线到位</td><td></td><td></td><td></td><td></td><td></td><td></td><td></td><td></td></tr>
<tr><td>8</td><td>开始下一批生产</td><td></td><td></td><td></td><td></td><td></td><td></td><td></td><td></td></tr>
<tr><td>9</td><td>更新应收款/应收款收现</td><td></td><td></td><td></td><td></td><td></td><td></td><td></td><td></td></tr>
<tr><td>10</td><td>按订单交货</td><td></td><td></td><td></td><td></td><td></td><td></td><td></td><td></td></tr>
<tr><td>11</td><td>产品研发投资</td><td></td><td></td><td></td><td></td><td></td><td></td><td></td><td></td></tr>
<tr><td>12</td><td>支付行政管理费</td><td></td><td></td><td></td><td></td><td></td><td></td><td></td><td></td></tr>
<tr><td>13</td><td>其他现金收支情况登记</td><td></td><td></td><td></td><td></td><td></td><td></td><td></td><td></td></tr>
<tr><td>14</td><td>本季在制品投产合计</td><td></td><td></td><td></td><td></td><td></td><td></td><td></td><td></td></tr>
<tr><td>15</td><td>本季在制品完工合计</td><td></td><td></td><td></td><td></td><td></td><td></td><td></td><td></td></tr>
<tr><td>16</td><td>季末在制品库存数量</td><td></td><td></td><td></td><td></td><td></td><td></td><td></td><td></td></tr>
</table>

如果有一个项目，首先要考虑有没有人来做。如果没有人做，就要放弃，这是一个必要条件。

——柳传志

教学年运行记录（2.3）

企业名称：　　　　　　　　　　　　　　　　　　　　　　　　职务：营销总监

<table>
<tr><td rowspan="3">操作顺序</td><td colspan="9">本表格用于运行过程中记录各生产要素数量变化的台账，营销总监记录产品库存数量（P1/P2）的增减。
注：执行步骤按照任务清单的顺序号进行。</td></tr>
<tr><td rowspan="2">生产要素
任务清单</td><td colspan="2">一季度</td><td colspan="2">二季度</td><td colspan="2">三季度</td><td colspan="2">四季度</td></tr>
<tr><td>P1</td><td>P2</td><td>P1</td><td>P2</td><td>P1</td><td>P2</td><td>P1</td><td>P2</td></tr>
<tr><td>1</td><td>季初产品盘点数量</td><td></td><td></td><td></td><td></td><td></td><td></td><td></td><td></td></tr>
<tr><td>2</td><td>更新贷款/还本付息</td><td></td><td></td><td></td><td></td><td></td><td></td><td></td><td></td></tr>
<tr><td>3</td><td>申请贷款</td><td></td><td></td><td></td><td></td><td></td><td></td><td></td><td></td></tr>
<tr><td>4</td><td>购买订购的原材料并入库</td><td></td><td></td><td></td><td></td><td></td><td></td><td></td><td></td></tr>
<tr><td>5</td><td>下原材料订单</td><td></td><td></td><td></td><td></td><td></td><td></td><td></td><td></td></tr>
<tr><td>6</td><td>更新生产/完工入库</td><td></td><td></td><td></td><td></td><td></td><td></td><td></td><td></td></tr>
<tr><td>7</td><td>购买新生产线/生产线到位</td><td></td><td></td><td></td><td></td><td></td><td></td><td></td><td></td></tr>
<tr><td>8</td><td>开始下一批生产</td><td></td><td></td><td></td><td></td><td></td><td></td><td></td><td></td></tr>
<tr><td>9</td><td>更新应收款/应收款收现</td><td></td><td></td><td></td><td></td><td></td><td></td><td></td><td></td></tr>
<tr><td>10</td><td>按订单交货</td><td></td><td></td><td></td><td></td><td></td><td></td><td></td><td></td></tr>
<tr><td>11</td><td>产品研发投资</td><td></td><td></td><td></td><td></td><td></td><td></td><td></td><td></td></tr>
<tr><td>12</td><td>支付行政管理费</td><td></td><td></td><td></td><td></td><td></td><td></td><td></td><td></td></tr>
<tr><td>13</td><td>其他现金收支情况登记</td><td></td><td></td><td></td><td></td><td></td><td></td><td></td><td></td></tr>
<tr><td>14</td><td>本季产品入库合计</td><td></td><td></td><td></td><td></td><td></td><td></td><td></td><td></td></tr>
<tr><td>15</td><td>本季产品出库合计</td><td></td><td></td><td></td><td></td><td></td><td></td><td></td><td></td></tr>
<tr><td>16</td><td>季末产品库存数量</td><td></td><td></td><td></td><td></td><td></td><td></td><td></td><td></td></tr>
</table>

爱你的员工吧，他会百倍地爱你的企业。

——［法］企业界

教学年订单登记表

订单号											合　计
市场											
产品											
数量											
账期											
销售额											
成本											
毛利											
未售											

教学年产品核算统计表

	P1	P2	……	合　计
数量				
销售额				
成本				
毛利				

教学年综合管理费用明细表　　万元

项　目	金　额	备　注
管理费		
广告费		
维修费		
市场准入开拓		□区域　□国内　□国际
ISO 资格认证		□ISO9000
产品研发		P2（　）
其他		
合计		

管理是一种严肃的爱。

——[美] 西洛斯·梅考克

教学年利润表

万元

项　目	算　符	上年数	本年数
销售收入		26	
直接成本	−	10	
毛利	=	16	
综合费用	−	9	
折旧前利润	=	7	
折旧	−	3	
支付利息前利润	=	4	
财务收入/支出	+/−	1	
其他收入/支出	+/−		
税前利润	=	3	
所得税	−	1	
净利润	=	2	

教学年资产负债表

万元

资　产	期初数	期末数	负债和所有者权益	期初数	期末数
流动资产：			负债：		
现金	20		银行贷款	20	
应收账款	9		应交税金	1	
在制品	6				
成品	4				
原料	2				
流动资产合计	41		负债合计	21	
固定资产：			所有者权益：		
土地和建筑	30		股东资本	50	
机器与设备	9		利润留存	7	
在建工程			年度净利	2	
固定资产合计	39		所有者权益合计	59	
资产总计	80		负债和所有者权益总计	80	

除了心存感激还不够，还必须双手合十，以拜佛般的虔诚之心来领导员工。

——［日］松下幸之助

第一年运行记录（1.1）

企业名称：　　　　　　　　　　　　　　　　职务：CEO

序号	请按顺序执行下列各项操作	每执行完一项操作，CEO 请在相应的方格内打钩			
		一季度	二季度	三季度	四季度
年初	参加订货会/支付广告费/登记销售订单				
	制订新年度计划				
	支付应付税				
1	季初现金盘点（请填余额）				
2	更新贷款/还本付息				
3	申请贷款				
4	购买订购的原材料并入库				
5	下原材料订单				
6	更新生产/完工入库				
7	购买新生产线/生产线到位				
8	开始下一批生产				
9	更新应收款/应收款收现				
10	按订单交货				
11	产品研发投资				
12	支付行政管理费				
13	其他现金收支情况登记				
14	现金收入合计				
15	现金支出合计				
16	期末现金对账（请填余额）				
年末	支付设备维护费				
	计提折旧				
	新市场开拓				
	结账				

是员工养活了公司。
——李嘉诚

第一年运行记录（1.2）

企业名称：　　　　　　　　　　　　　　　　　　　　　　　　　职务：财务总监

序号	请按顺序执行下列各项操作	每执行完一项操作，财务总监请在方格中填写现金收支情况			
		一季度	二季度	三季度	四季度
年初	参加订货会/支付广告费/登记销售订单				
	制订新年度计划				
	支付应付税				
1	季初现金盘点（请填余额）				
2	更新贷款/还本付息				
3	申请贷款				
4	购买订购的原材料并入库				
5	下原材料订单				
6	更新生产/完工入库				
7	购买新生产线/生产线到位				
8	开始下一批生产				
9	更新应收款/应收款收现				
10	按订单交货				
11	产品研发投资				
12	支付行政管理费				
13	其他现金收支情况登记				
14	现金收入合计				
15	现金支出合计				
16	期末现金对账（请填余额）				
年末	支付设备维护费				
	计提折旧				（　）
	新市场开拓				
	结账				

制定正确的战略固然重要，但更重要的是战略的执行。
——杨元庆

第一年运行记录（2.1）

企业名称：　　　　　　　　　　　　　　　　　　　　　　　　职务：采购总监

本表格用于运行过程中记录各生产要素数量变化的台账，采购总监记录原材料库存数量（R1/R2）的增减，下原材料订单登记数量但不构成原材料库存数量的增减。

注：执行步骤按照任务清单的顺序号进行。

操作顺序	生产要素 / 任务清单	一季度		二季度		三季度		四季度	
		R1	R2	R1	R2	R1	R2	R1	R2
1	季初原材料盘点数量								
2	更新贷款/还本付息								
3	申请贷款								
4	购买订购的原材料并入库								
5	下原材料订单	（　）	（　）	（　）	（　）	（　）	（　）	（　）	（　）
6	更新生产/完工入库								
7	购买新生产线/生产线到位								
8	开始下一批生产								
9	更新应收款/应收款收现								
10	按订单交货								
11	产品研发投资								
12	支付行政管理费								
13	其他现金收支情况登记								
14	本季原材料入库合计								
15	本季原材料出库合计								
16	季末原材料库存数量								

战略越精练，就越容易被彻底地执行。

——［美］约翰·里德

第一年运行记录（2.2）

企业名称：　　　　　　　　　　　　　　　　　　　　　　　　职务：生产总监

操作顺序	本表格用于运行过程中记录各生产要素数量变化的台账，生产总监记录生产线上在制品数量（P1/P2）的增减。 注：执行步骤按照任务清单的顺序号进行。								
	生产要素 / 任务清单	一季度		二季度		三季度		四季度	
		P1	P2	P1	P2	P1	P2	P1	P2
1	季初在制品盘点数量								
2	更新贷款/还本付息								
3	申请贷款								
4	购买订购的原材料并入库								
5	下原材料订单								
6	更新生产/完工入库								
7	购买新生产线/生产线到位								
8	开始下一批生产								
9	更新应收款/应收款收现								
10	按订单交货								
11	产品研发投资								
12	支付行政管理费								
13	其他现金收支情况登记								
14	本季在制品投产合计								
15	本季在制品完工合计								
16	季末在制品库存数量								

让流程说话，流程是将说转化为做的唯一出路。
——姜汝祥

第一年运行记录（2.3）

企业名称：　　　　　　　　　　　　　　　　　　　　　　　　职务：营销总监

本表格用于运行过程中记录各生产要素数量变化的台账，营销总监记录产品库存数量（P1/P2）的增减。

注：执行步骤按照任务清单的顺序号进行。

操作顺序	生产要素 / 任务清单	一季度		二季度		三季度		四季度	
		P1	P2	P1	P2	P1	P2	P1	P2
1	季初产品盘点数量								
2	更新贷款/还本付息								
3	申请贷款								
4	购买订购的原材料并入库								
5	下原材料订单								
6	更新生产/完工入库								
7	购买新生产线/生产线到位								
8	开始下一批生产								
9	更新应收款/应收款收现								
10	按订单交货								
11	产品研发投资								
12	支付行政管理费								
13	其他现金收支情况登记								
14	本季产品入库合计								
15	本季产品出库合计								
16	季末产品库存数量								

企业的执行力靠的就是纪律。
——卢正昕

一个伟大的企业，对待成就永远都要战战兢兢，如履薄冰。
——张瑞敏

第一年订单登记表

订单号											合　计
市场											
产品											
数量											
账期											
销售额											
成本											
毛利											
未售											

第一年产品核算统计表

	P1	P2	……	合　计
数量				
销售额				
成本				
毛利				

第一年综合管理费用明细表

万元

项　目	金　额	备　注
管理费		
广告费		
维修费		
市场准入开拓		□区域　　□国内　　□国际
ISO 资格认证		
产品研发		包括研发费和购买资格证费
其他		
合计		

第一年利润表

万元

项　目	算　符	上年数	本年数
销售收入			
直接成本	−		
毛利	=		
综合费用	−		
折旧前利润	=		
折旧	−		
支付利息前利润	=		
财务收入/支出	+/−		
其他收入/支出	+/−		
税前利润	=		
所得税	−		
净利润	=		

第一年资产负债表

万元

资　产	期初数	期末数	负债和所有者权益	期初数	期末数
流动资产：			**负债：**		
现金			银行贷款		
应收账款			应交税费		
在制品					
成品					
原料					
流动资产合计			**负债合计**		
固定资产：			**所有者权益：**		
土地和建筑			股东资本		
机器与设备			利润留存		
在建工程			年度净利		
固定资产合计			**所有者权益合计**		
资产总计			**负债和所有者权益总计**		

危机不仅带来麻烦，也蕴藏着无限商机。
——[美]格雷格·布伦尼曼

第二年运行记录（1.1）

企业名称：　　　　　　　　　　　　　　　　　　　　　　　职务：CEO

序号	请按顺序执行下列各项操作	每执行完一项操作，CEO请在相应的方格内打钩			
		一季度	二季度	三季度	四季度
年初	参加订货会/支付广告费/登记销售订单				
	制订新年度计划				
	支付应付税				
1	季初现金盘点（请填余额）				
2	更新贷款/还本付息				
3	申请贷款				
4	购买订购的原材料并入库				
5	下原材料订单				
6	更新生产/完工入库				
7	购买新生产线/生产线到位				
8	开始下一批生产				
9	更新应收款/应收款收现				
10	按订单交货				
11	产品研发投资				
12	支付行政管理费				
13	其他现金收支情况登记				
14	现金收入合计				
15	现金支出合计				
16	期末现金对账（请填余额）				
年末	支付设备维护费				
	计提折旧				
	新市场开拓				
	结账				

预防是解决危机的最好方法。

——［英］迈克尔·里杰斯特

第二年运行记录（1.2）

企业名称：　　　　　　　　　　　　　　　　　　职务：财务总监

序号	请按顺序执行下列各项操作	每执行完一项操作，财务总监请在方格中填写现金收支情况			
		一季度	二季度	三季度	四季度
年初	参加订货会/支付广告费/登记销售订单				
	制订新年度计划				
	支付应付税				
1	季初现金盘点（请填余额）				
2	更新贷款/还本付息				
3	申请贷款				
4	购买订购的原材料并入库				
5	下原材料订单				
6	更新生产/完工入库				
7	购买新生产线/生产线到位				
8	开始下一批生产				
9	更新应收款/应收款收现				
10	按订单交货				
11	产品研发投资				
12	支付行政管理费				
13	其他现金收支情况登记				
14	现金收入合计				
15	现金支出合计				
16	期末现金对账（请填余额）				
年末	支付设备维护费				
	计提折旧				（ ）
	新市场开拓				
	结账				

奖励什么，就会得到什么。

——［美］米契尔·拉伯福

第二年运行记录（2.1）

企业名称：　　　　　　　　　　　　　　　　　　　　　　职务：采购总监

本表格用于运行过程中记录各生产要素数量变化的台账，采购总监记录原材料库存数量（R1/R2）的增减，下原材料订单登记数量但不构成原材料库存数量的增减。

注：执行步骤按照任务清单的顺序号进行。

操作顺序	生产要素 / 任务清单	一季度		二季度		三季度		四季度	
		R1	R2	R1	R2	R1	R2	R1	R2
1	季初原材料盘点数量								
2	更新贷款/还本付息								
3	申请贷款								
4	购买订购的原材料并入库								
5	下原材料订单	（ ）	（ ）	（ ）	（ ）	（ ）	（ ）	（ ）	（ ）
6	更新生产/完工入库								
7	购买新生产线/生产线到位								
8	开始下一批生产								
9	更新应收款/应收款收现								
10	按订单交货								
11	产品研发投资								
12	支付行政管理费								
13	其他现金收支情况登记								
14	本季原材料入库合计								
15	本季原材料出库合计								
16	季末原材料库存数量								

我们宣布讲究实绩、注重实效，却往往奖励了那些专会做表现文章、投机取巧的人。
——［美］米契尔·拉伯福

第二年运行记录（2.2）

企业名称：　　　　　　　　　　　　　　　　　　　　　　　　职务：生产总监

本表格用于运行过程中记录各生产要素数量变化的台账，生产总监记录生产线上在制品数量（P1/P2）的增减。

注：执行步骤按照任务清单的顺序号进行。

操作顺序	生产要素 / 任务清单	一季度		二季度		三季度		四季度	
		P1	P2	P1	P2	P1	P2	P1	P2
1	季初在制品盘点数量								
2	更新贷款/还本付息								
3	申请贷款								
4	购买订购的原材料并入库								
5	下原材料订单								
6	更新生产/完工入库								
7	购买新生产线/生产线到位								
8	开始下一批生产								
9	更新应收款/应收款收现								
10	按订单交货								
11	产品研发投资								
12	支付行政管理费								
13	其他现金收支情况登记								
14	本季在制品投产合计								
15	本季在制品完工合计								
16	季末在制品库存数量								

不只奖励成功，而且奖励失败。

——[美] 杰克·韦尔奇

第二年运行记录（2.3）

企业名称： 职务：营销总监

本表格用于运行过程中记录各生产要素数量变化的台账，营销总监记录产品库存数量（P1/P2）的增减。

注：执行步骤按照任务清单的顺序号进行。

操作顺序	生产要素 / 任务清单	一季度		二季度		三季度		四季度	
		P1	P2	P1	P2	P1	P2	P1	P2
1	季初产品盘点数量								
2	更新贷款/还本付息								
3	申请贷款								
4	购买订购的原材料并入库								
5	下原材料订单								
6	更新生产/完工入库								
7	购买新生产线/生产线到位								
8	开始下一批生产								
9	更新应收款/应收款收现								
10	按订单交货								
11	产品研发投资								
12	支付行政管理费								
13	其他现金收支情况登记								
14	本季产品入库合计								
15	本季产品出库合计								
16	季末产品库存数量								

无法评估，就无法管理。
——[美] 琼·玛格丽塔

第二年订单登记表

订单号											合 计
市场											
产品											
数量											
账期											
销售额											
成本											
毛利											
未售											

第二年产品核算统计表

	P1	P2	……	合 计
数量				
销售额				
成本				
毛利				

第二年综合管理费用明细表　　万元

项 目	金 额	备 注
管理费		
广告费		
维修费		
市场准入开拓		□区域 □国内 □国际
ISO 资格认证		
产品研发		包括研发费和购买资格证费
其他		
合计		

你不能衡量它，就不能管理它。
——[美] 彼得·德鲁克

如果强调什么，你就检查什么；你不检查，就等于不重视。
——[美] 郭士纳

第二年利润表

万元

项　目	算　符	上年数	本年数
销售收入			
直接成本	-		
毛利	=		
综合费用	-		
折旧前利润	=		
折旧	-		
支付利息前利润	=		
财务收入/支出	+/-		
其他收入/支出	+/-		
税前利润	=		
所得税	-		
净利润	=		

第二年资产负债表

万元

资　产	期初数	期末数	负债和所有者权益	期初数	期末数
流动资产：			**负债：**		
现金			银行贷款		
应收账款			应交税费		
在制品					
成品					
原料					
流动资产合计			**负债合计**		
固定资产：			**所有者权益：**		
土地和建筑			股东资本		
机器与设备			利润留存		
在建工程			年度净利		
固定资产合计			**所有者权益合计**		
资产总计			**负债和所有者权益总计**		

第三年运行记录（1.1）

企业名称：　　　　　　　　　　　　　　　　　　　　　　　　　　职务：CEO

序号	请按顺序执行下列各项操作	每执行完一项操作，CEO请在相应的方格内打钩			
		一季度	二季度	三季度	四季度
年初	参加订货会/支付广告费/登记销售订单				
	制订新年度计划				
	支付应付税				
1	季初现金盘点（请填余额）				
2	更新贷款/还本付息				
3	申请贷款				
4	购买订购的原材料并入库				
5	下原材料订单				
6	更新生产/完工入库				
7	购买新生产线/生产线到位				
8	开始下一批生产				
9	更新应收款/应收款收现				
10	按订单交货				
11	产品研发投资				
12	支付行政管理费				
13	其他现金收支情况登记				
14	现金收入合计				
15	现金支出合计				
16	期末现金对账（请填余额）				
年末	支付设备维护费				
	计提折旧				
	新市场开拓				
	结账				

销售专业中最重要的字就是『问』。

——［美］博恩·崔西

第三年运行记录（1.2）

企业名称：　　　　　　　　　　　　　　　　　　　　职务：财务总监

序号	请按顺序执行下列各项操作	每执行完一项操作，财务总监请在方格中填写现金收支情况			
		一季度	二季度	三季度	四季度
年初	参加订货会/支付广告费/登记销售订单				
	制订新年度计划				
	支付应付税				
1	季初现金盘点（请填余额）				
2	更新贷款/还本付息				
3	申请贷款				
4	购买订购的原材料并入库				
5	下原材料订单				
6	更新生产/完工入库				
7	购买新生产线/生产线到位				
8	开始下一批生产				
9	更新应收款/应收款收现				
10	按订单交货				
11	产品研发投资				
12	支付行政管理费				
13	其他现金收支情况登记				
14	现金收入合计				
15	现金支出合计				
16	期末现金对账（请填余额）				
年末	支付设备维护费				
	计提折旧				（　）
	新市场开拓				
	结账				

一次季度盈利可以是侥幸，连续两次可以是巧合，但是连续三次就是一种趋势。

——［美］特里·塞梅尔

第三年运行记录（2.1）

企业名称： 职务：采购总监

<table>
<tr><td rowspan="3">操作顺序</td><td colspan="9">本表格用于运行过程中记录各生产要素数量变化的台账，采购总监记录原材料库存数量（R1/R2）的增减，下原材料订单登记数量但不构成原材料库存数量的增减。
注：执行步骤按照任务清单的顺序号进行。</td></tr>
<tr><td rowspan="2">生产要素
任务清单</td><td colspan="2">一季度</td><td colspan="2">二季度</td><td colspan="2">三季度</td><td colspan="2">四季度</td></tr>
<tr><td>R1</td><td>R2</td><td>R1</td><td>R2</td><td>R1</td><td>R2</td><td>R1</td><td>R2</td></tr>
<tr><td>1</td><td>季初原材料盘点数量</td><td></td><td></td><td></td><td></td><td></td><td></td><td></td><td></td></tr>
<tr><td>2</td><td>更新贷款/还本付息</td><td></td><td></td><td></td><td></td><td></td><td></td><td></td><td></td></tr>
<tr><td>3</td><td>申请贷款</td><td></td><td></td><td></td><td></td><td></td><td></td><td></td><td></td></tr>
<tr><td>4</td><td>购买订购的原材料并入库</td><td></td><td></td><td></td><td></td><td></td><td></td><td></td><td></td></tr>
<tr><td>5</td><td>下原材料订单</td><td>（ ）</td><td>（ ）</td><td>（ ）</td><td>（ ）</td><td>（ ）</td><td>（ ）</td><td>（ ）</td><td>（ ）</td></tr>
<tr><td>6</td><td>更新生产/完工入库</td><td></td><td></td><td></td><td></td><td></td><td></td><td></td><td></td></tr>
<tr><td>7</td><td>购买新生产线/生产线到位</td><td></td><td></td><td></td><td></td><td></td><td></td><td></td><td></td></tr>
<tr><td>8</td><td>开始下一批生产</td><td></td><td></td><td></td><td></td><td></td><td></td><td></td><td></td></tr>
<tr><td>9</td><td>更新应收款/应收款收现</td><td></td><td></td><td></td><td></td><td></td><td></td><td></td><td></td></tr>
<tr><td>10</td><td>按订单交货</td><td></td><td></td><td></td><td></td><td></td><td></td><td></td><td></td></tr>
<tr><td>11</td><td>产品研发投资</td><td></td><td></td><td></td><td></td><td></td><td></td><td></td><td></td></tr>
<tr><td>12</td><td>支付行政管理费</td><td></td><td></td><td></td><td></td><td></td><td></td><td></td><td></td></tr>
<tr><td>13</td><td>其他现金收支情况登记</td><td></td><td></td><td></td><td></td><td></td><td></td><td></td><td></td></tr>
<tr><td>14</td><td>本季原材料入库合计</td><td></td><td></td><td></td><td></td><td></td><td></td><td></td><td></td></tr>
<tr><td>15</td><td>本季原材料出库合计</td><td></td><td></td><td></td><td></td><td></td><td></td><td></td><td></td></tr>
<tr><td>16</td><td>季末原材料库存数量</td><td></td><td></td><td></td><td></td><td></td><td></td><td></td><td></td></tr>
</table>

不要过度承诺，但要超值交付。

——[美] 迈克尔·戴尔

第三年运行记录（2.2）

企业名称：　　　　　　　　　　　　　　　　　　　　　　职务：生产总监

本表格用于运行过程中记录各生产要素数量变化的台账，生产总监记录生产线上在制品数量（P1/P2）的增减。

注：执行步骤按照任务清单的顺序号进行。

操作顺序	生产要素 / 任务清单	一季度		二季度		三季度		四季度	
		P1	P2	P1	P2	P1	P2	P1	P2
1	季初在制品盘点数量								
2	更新贷款/还本付息								
3	申请贷款								
4	购买订购的原材料并入库								
5	下原材料订单								
6	更新生产/完工入库								
7	购买新生产线/生产线到位								
8	开始下一批生产								
9	更新应收款/应收款收现								
10	按订单交货								
11	产品研发投资								
12	支付行政管理费								
13	其他现金收支情况登记								
14	本季在制品投产合计								
15	本季在制品完工合计								
16	季末在制品库存数量								

没有商品这样的东西。顾客真正购买的不是商品，而是解决问题的办法。

——［美］特德·莱维特

第三年运行记录（2.3）

企业名称：　　　　　　　　　　　　　　　　　　　　　　　职务：营销总监

本表格用于运行过程中记录各生产要素数量变化的台账，营销总监记录产品库存数量（P1/P2）的增减。

注：执行步骤按照任务清单的顺序号进行。

操作顺序	生产要素 / 任务清单	一季度		二季度		三季度		四季度	
		P1	P2	P1	P2	P1	P2	P1	P2
1	季初产品盘点数量								
2	更新贷款/还本付息								
3	申请贷款								
4	购买订购的原材料并入库								
5	下原材料订单								
6	更新生产/完工入库								
7	购买新生产线/生产线到位								
8	开始下一批生产								
9	更新应收款/应收款收现								
10	按订单交货								
11	产品研发投资								
12	支付行政管理费								
13	其他现金收支情况登记								
14	本季产品入库合计								
15	本季产品出库合计								
16	季末产品库存数量								

做生意，要随着形势的变化而变化。做小生意，在于勤；做大生意，要看政治、观局势。

——潘洪江

经营企业是许多环节的共同运作，差一个念头，就决定整个失败。——[日]松下幸之助

第三年订单登记表

订单号											合 计
市场											
产品											
数量											
账期											
销售额											
成本											
毛利											
未售											

第三年产品核算统计表

	P1	P2	……	合 计
数量				
销售额				
成本				
毛利				

第三年综合管理费用明细表

万元

项 目	金 额	备 注
管理费		
广告费		
维修费		
市场准入开拓		□区域 □国内 □国际
ISO 资格认证		
产品研发		包括研发费和购买资格证费
其他		
合计		

第三年利润表

万元

项　目	算　符	上年数	本年数
销售收入			
直接成本	-		
毛利	=		
综合费用	-		
折旧前利润	=		
折旧	-		
支付利息前利润	=		
财务收入/支出	+/-		
其他收入/支出	+/-		
税前利润	=		
所得税	-		
净利润	=		

第三年资产负债表

万元

资　产	期初数	期末数	负债和所有者权益	期初数	期末数
流动资产：			**负债：**		
现金			银行贷款		
应收账款			应交税费		
在制品					
成品					
原料					
流动资产合计			**负债合计**		
固定资产：			**所有者权益：**		
土地和建筑			股东资本		
机器与设备			利润留存		
在建工程			年度净利		
固定资产合计			**所有者权益合计**		
资产总计			**负债和所有者权益总计**		

好景时不妨大力发展，经济不佳时稳守突击。

——李石成

第四年运行记录（1.1）

企业名称：　　　　　　　　　　　　　　　　　　　　　　　　　　　　　职务：CEO

序号	请按顺序执行下列各项操作	每执行完一项操作，CEO请在相应的方格内打钩			
		一季度	二季度	三季度	四季度
年初	参加订货会/支付广告费/登记销售订单				
	制订新年度计划				
	支付应付税				
1	季初现金盘点（请填余额）				
2	更新贷款/还本付息				
3	申请贷款				
4	购买订购的原材料并入库				
5	下原材料订单				
6	更新生产/完工入库				
7	购买新生产线/生产线到位				
8	开始下一批生产				
9	更新应收款/应收款收现				
10	按订单交货				
11	产品研发投资				
12	支付行政管理费				
13	其他现金收支情况登记				
14	现金收入合计				
15	现金支出合计				
16	期末现金对账（请填余额）				
年末	支付设备维护费				
	计提折旧				
	新市场开拓				
	结账				

多想一下竞争对手。
——［美］比尔·盖茨

第四年运行记录（1.2）

企业名称：　　　　　　　　　　　　　　　　　　　　　　　　职务：财务总监

序号	请按顺序执行下列各项操作	每执行完一项操作，财务总监请在方格中填写现金收支情况			
		一季度	二季度	三季度	四季度
年初	参加订货会/支付广告费/登记销售订单				
	制订新年度计划				
	支付应付税				
1	季初现金盘点（请填余额）				
2	更新贷款/还本付息				
3	申请贷款				
4	购买订购的原材料并入库				
5	下原材料订单				
6	更新生产/完工入库				
7	购买新生产线/生产线到位				
8	开始下一批生产				
9	更新应收款/应收款收现				
10	按订单交货				
11	产品研发投资				
12	支付行政管理费				
13	其他现金收支情况登记				
14	现金收入合计				
15	现金支出合计				
16	期末现金对账（请填余额）				
年末	支付设备维护费				
	计提折旧				(　)
	新市场开拓				
	结账				

为顾客节省每一分钱。

——［美］山姆·沃尔顿

第四年运行记录（2.1）

企业名称： 职务：采购总监

操作顺序

本表格用于运行过程中记录各生产要素数量变化的台账，采购总监记录原材料库存数量（R1/R2）的增减，下原材料订单登记数量但不构成原材料库存数量的增减。

注：执行步骤按照任务清单的顺序号进行。

操作顺序	生产要素 / 任务清单	一季度		二季度		三季度		四季度	
		R1	R2	R1	R2	R1	R2	R1	R2
1	季初原材料盘点数量								
2	更新贷款/还本付息								
3	申请贷款								
4	购买订购的原材料并入库								
5	下原材料订单	（ ）	（ ）	（ ）	（ ）	（ ）	（ ）	（ ）	（ ）
6	更新生产/完工入库								
7	购买新生产线/生产线到位								
8	开始下一批生产								
9	更新应收款/应收款收现								
10	按订单交货								
11	产品研发投资								
12	支付行政管理费								
13	其他现金收支情况登记								
14	本季原材料入库合计								
15	本季原材料出库合计								
16	季末原材料库存数量								

经营企业，是许多环节的共同运作，差一个念头，就决定整个失败。
——［日］松下幸之助

第四年运行记录（2.2）

企业名称：　　　　　　　　　　　　　　　　　　　　　　　　职务：生产总监

本表格用于运行过程中记录各生产要素数量变化的台账，生产总监记录生产线上在制品数量（P1/P2）的增减。

注：执行步骤按照任务清单的顺序号进行。

操作顺序	生产要素 / 任务清单	一季度		二季度		三季度		四季度	
		P1	P2	P1	P2	P1	P2	P1	P2
1	季初在制品盘点数量								
2	更新贷款/还本付息								
3	申请贷款								
4	购买订购的原材料并入库								
5	下原材料订单								
6	更新生产/完工入库								
7	购买新生产线/生产线到位								
8	开始下一批生产								
9	更新应收款/应收款收现								
10	按订单交货								
11	产品研发投资								
12	支付行政管理费								
13	其他现金收支情况登记								
14	本季在制品投产合计								
15	本季在制品完工合计								
16	季末在制品库存数量								

企业即人。
——［日］松下幸之助

第四年运行记录（2.3）

企业名称：　　　　　　　　　　　　　　　　　　　　　　　　职务：营销总监

本表格用于运行过程中记录各生产要素数量变化的台账，营销总监记录产品库存数量（P1/P2）的增减。

注：执行步骤按照任务清单的顺序号进行。

操作顺序	生产要素 / 任务清单	一季度		二季度		三季度		四季度	
		P1	P2	P1	P2	P1	P2	P1	P2
1	季初产品盘点数量								
2	更新贷款/还本付息								
3	申请贷款								
4	购买订购的原材料并入库								
5	下原材料订单								
6	更新生产/完工入库								
7	购买新生产线/生产线到位								
8	开始下一批生产								
9	更新应收款/应收款收现								
10	按订单交货								
11	产品研发投资								
12	支付行政管理费								
13	其他现金收支情况登记								
14	本季产品入库合计								
15	本季产品出库合计								
16	季末产品库存数量								

差错发生在细节，成功取决于系统。

——［美］比尔·马瑞特

第四年订单登记表

订单号											合　计
市场											
产品											
数量											
账期											
销售额											
成本											
毛利											
未售											

第四年产品核算统计表

	P1	P2	……	合　计
数量				
销售额				
成本				
毛利				

第四年综合管理费用明细表　　万元

项　目	金　额	备　注
管理费		
广告费		
维修费		
市场准入开拓		□区域　□国内　□国际
ISO 资格认证		
产品研发		包括研发费和购买资格证费
其他		
合计		

将良品率预定为85%，那么便表示容许15%的错误存在。
——［美］菲利普·克罗斯比

第四年利润表

万元

项　目	算　符	上年数	本年数
销售收入			
直接成本	−		
毛利	=		
综合费用	−		
折旧前利润	=		
折旧	−		
支付利息前利润	=		
财务收入/支出	+/−		
其他收入/支出	+/−		
税前利润	=		
所得税	−		
净利润	=		

第四年资产负债表

万元

资　产	期初数	期末数	负债和所有者权益	期初数	期末数
流动资产：			**负债：**		
现金			银行贷款		
应收账款			应交税费		
在制品					
成品					
原料					
流动资产合计			**负债合计**		
固定资产：			**所有者权益：**		
土地和建筑			股东资本		
机器与设备			利润留存		
在建工程			年度净利		
固定资产合计			**所有者权益合计**		
资产总计			**负债和所有者权益总计**		

第五年运行记录（1.1）

企业名称：　　　　　　　　　　　　　　　　　　　　　　　　　　职务：CEO

序号	请按顺序执行下列各项操作	每执行完一项操作，CEO 请在相应的方格内打钩			
		一季度	二季度	三季度	四季度
年初	参加订货会/支付广告费/登记销售订单				
	制订新年度计划				
	支付应付税				
1	季初现金盘点（请填余额）				
2	更新贷款/还本付息				
3	申请贷款				
4	购买订购的原材料并入库				
5	下原材料订单				
6	更新生产/完工入库				
7	购买新生产线/生产线到位				
8	开始下一批生产				
9	更新应收款/应收款收现				
10	按订单交货				
11	产品研发投资				
12	支付行政管理费				
13	其他现金收支情况登记				
14	现金收入合计				
15	现金支出合计				
16	期末现金对账（请填余额）				
年末	支付设备维护费				
	计提折旧				
	新市场开拓				
	结账				

质量等于利润。

——［美］汤姆·彼得斯

第五年运行记录（1.2）

企业名称：　　　　　　　　　　　　　　　　　　　　职务：财务总监

序号	请按顺序执行下列各项操作	每执行完一项操作，财务总监请在方格中填写现金收支情况			
		一季度	二季度	三季度	四季度
年初	参加订货会/支付广告费/登记销售订单				
	制订新年度计划				
	支付应付税				
1	季初现金盘点（请填余额）				
2	更新贷款/还本付息				
3	申请贷款				
4	购买订购的原材料并入库				
5	下原材料订单				
6	更新生产/完工入库				
7	购买新生产线/生产线到位				
8	开始下一批生产				
9	更新应收款/应收款收现				
10	按订单交货				
11	产品研发投资				
12	支付行政管理费				
13	其他现金收支情况登记				
14	现金收入合计				
15	现金支出合计				
16	期末现金对账（请填余额）				
年末	支付设备维护费				
	计提折旧				（　）
	新市场开拓				
	结账				

成功企业领导人的三大核心行为，严格的纪律、实验型创造力和持续坚持。
——［美］吉姆·柯林斯

第五年运行记录（2.1）

企业名称：　　　　　　　　　　　　　　　　　　　　　职务：采购总监

操作顺序：本表格用于运行过程中记录各生产要素数量变化的台账，采购总监记录原材料库存数量（R1/R2）的增减，下原材料订单登记数量但不构成原材料库存数量的增减。

注：执行步骤按照任务清单的顺序号进行。

操作顺序	任务清单 \ 生产要素	一季度		二季度		三季度		四季度	
		R1	R2	R1	R2	R1	R2	R1	R2
1	季初原材料盘点数量								
2	更新贷款/还本付息								
3	申请贷款								
4	购买订购的原材料并入库								
5	下原材料订单	（ ）	（ ）	（ ）	（ ）	（ ）	（ ）	（ ）	（ ）
6	更新生产/完工入库								
7	购买新生产线/生产线到位								
8	开始下一批生产								
9	更新应收款/应收款收现								
10	按订单交货								
11	产品研发投资								
12	支付行政管理费								
13	其他现金收支情况登记								
14	本季原材料入库合计								
15	本季原材料出库合计								
16	季末原材料库存数量								

提出目标是管理人员的责任，实际上这是他的主要责任。

——［美］切斯特·巴纳德

第五年运行记录（2.2）

企业名称：　　　　　　　　　　　　　　　　　　　　　　　　　　　　　职务：生产总监

本表格用于运行过程中记录各生产要素数量变化的台账，生产总监记录生产线上在制品数量（P1/P2）的增减。

注：执行步骤按照任务清单的顺序号进行。

操作顺序	生产要素 / 任务清单	一季度		二季度		三季度		四季度	
		P1	P2	P1	P2	P1	P2	P1	P2
1	季初在制品盘点数量								
2	更新贷款/还本付息								
3	申请贷款								
4	购买订购的原材料并入库								
5	下原材料订单								
6	更新生产/完工入库								
7	购买新生产线/生产线到位								
8	开始下一批生产								
9	更新应收款/应收款收现								
10	按订单交货								
11	产品研发投资								
12	支付行政管理费								
13	其他现金收支情况登记								
14	本季在制品投产合计								
15	本季在制品完工合计								
16	季末在制品库存数量								

授权并信任才是有效的授权之道。
——[美]柯维

第五年运行记录（2.3）

企业名称：　　　　　　　　　　　　　　　　　　　　　　　　　　　　　职务：营销总监

本表格用于运行过程中记录各生产要素数量变化的台账，营销总监记录产品库存数量（P1/P2）的增减。

注：执行步骤按照任务清单的顺序号进行。

操作顺序	生产要素 / 任务清单	一季度		二季度		三季度		四季度	
		P1	P2	P1	P2	P1	P2	P1	P2
1	季初产品盘点数量								
2	更新贷款/还本付息								
3	申请贷款								
4	购买订购的原材料并入库								
5	下原材料订单								
6	更新生产/完工入库								
7	购买新生产线/生产线到位								
8	开始下一批生产								
9	更新应收款/应收款收现								
10	按订单交货								
11	产品研发投资								
12	支付行政管理费								
13	其他现金收支情况登记								
14	本季产品入库合计								
15	本季产品出库合计								
16	季末产品库存数量								

做战略上正确的事情要比立即获利更重要。
——［美］菲利普·科特勒

造人先于造物。

——［日］松下幸之助

第五年订单登记表

订单号											合　计
市场											
产品											
数量											
账期											
销售额											
成本											
毛利											
未售											

第五年产品核算统计表

	P1	P2	……	合计
数量				
销售额				
成本				
毛利				

第五年综合管理费用明细表

万元

项　目	金　额	备　注
管理费		
广告费		
维修费		
市场准入开拓		□区域　□国内　□国际
ISO 资格认证		
产品研发		包括研发费和购买资格证费
其他		
合计		

第五年利润表

万元

项　目	算　符	上年数	本年数
销售收入			
直接成本	-		
毛利	=		
综合费用	-		
折旧前利润	=		
折旧	-		
支付利息前利润	=		
财务收入/支出	+/-		
其他收入/支出	+/-		
税前利润	=		
所得税	-		
净利润	=		

第五年资产负债表

万元

资　产	期初数	期末数	负债和所有者权益	期初数	期末数
流动资产：			**负债：**		
现金			银行贷款		
应收账款			应交税费		
在制品					
成品					
原料					
流动资产合计			**负债合计**		
固定资产：			**所有者权益：**		
土地和建筑			股东资本		
机器与设备			利润留存		
在建工程			年度净利		
固定资产合计			**所有者权益合计**		
资产总计			**负债和所有者权益总计**		

管理是一种严肃的爱。——［美］西洛斯·梅考克

反侵权盗版声明

举报电话：(010)88254396；(010)88258888
传　　真：(010)88254397
E-mail　：dbqq@phei.com.cn
通信地址：北京市万寿路173信箱
　　　　　电子工业出版社总编办公室
邮　　编：100036

尊敬的老师：

您好。

请您认真、完整地填写以下表格的内容（务必填写每一项），索取相关图书的教学资源。

教学资源索取表

书名				作者名	
姓名		所在学校			
职称		职务		讲授课程	
联系方式	电话：		E-mail：		
地址（含邮编）					
贵校已购本教材的数量（本）					
所需教学资源					
系/院主任姓名					

系/院主任：____________________（签字）

（系/院办公室公章）

20____年____月____日

注意：

① 本配套教学资源仅向购买了相关教材的学校老师免费提供。

② 请任课老师认真填写以上信息，并**请系/院加盖公章**，然后传真到（010）80115555 转 718438 索取配套教学资源。也可将加盖公章的文件扫描后，发送到 fservice@126.com 索取教学资源。还可以加入电子社教学增值共享群（QQ:427695338）即时获取教学资源及其他增值服务。

微信号：fservice126

中国工信出版集团

電子工業出版社
PUBLISHING HOUSE OF ELECTRONICS INDUSTRY
http://www.phei.com.cn